Rainer Grunert

Anleitung zum wunschlosen Glück

Warum Wünschen unglücklich machen kann

WINDPFERD

1. Auflage 2009
© 2008 Windpferd Verlagsgesellschaft mbH, Oberstdorf
www.windpferd.de
Alle Rechte vorbehalten
Umschlaggestaltung: Kuhn Grafik Communication Design, CH-Amden
Lektorat: Claudia Seele-Nyima
Layout: Marx Grafik & ArtWork
Gesetzt aus der Adobe Garamond
Gesamtherstellung: Schneelöwe Verlagsberatung & Verlag, Oberstdorf
Gedruckt auf säurefreiem, chlorfrei gebleichtem Papier
Printed in Germany · ISBN 978-3-89385-578-0

*Eine Gutenachtlektüre
für alle Leser von Wünsch-dir-was-Büchern
und zur Erbauung aller,
die diese Bücher nicht einmal mit spitzen Fingern anfassen.
Möge jeder finden, was er sucht.*

Inhalt

Über dieses Buch 7

Anleitung zum wunschlosen Glück 9

Warum überhaupt Wünschen? 14

Lehrjahre

Übungen für Anfänger: Zum Magier werden 20

Zeit ist relativ oder: Nachher ist man immer klüger 25

Die Kunst der Wahrnehmung:
Sehen Sie nur das, was Sie sehen wollen 30

Was nicht passt, wird passend gemacht 35

Übungen für Fortgeschrittene:
Die Welt richtet sich nach Ihnen 40

Das Geheimnis der Wahrscheinlichkeiten 44

Das Gesellenstück: Wie Sie Realität erschaffen 49

Gesellen- und Wanderjahre

Sprache ist Magie mit Worten 56

Von der Schwierigkeit des richtigen Wunschs 60

Alles, was nicht hier passiert, geschieht woanders 64

Die Gefahr: Alles, was schiefgehen kann,
wird schiefgehen 68

Selbstmord durch Denken 72

Meisterschaft

Die Wunschfalle schnappt zu 78

Der letzte Wunsch – die letzte Lockerung 82

Wunschloses Glück 86

Nachtrag	91
Anmerkungen	95
Internetquellen	98
Literatur	102
Über den Autor	103

Über dieses Buch

"Jedes Etwas ist ein Echo von nichts."
(John Cage)

Wünschen ist alt. Lange bevor Rhonda Byrnes *The Secret – Das Geheimnis* und Bärbel Mohrs *Bestellungen beim Universum* erschienen, nannte es Eileen Caddy, die Frau des Findhorn-Gründers Peter Caddy, "manifestieren", und im 18. Jahrhundert war Mesmerismus[1] en vogue. Davor gab es die Alchimisten, die versuchten, aus Stroh Gold zu machen, und nach der Lehre des Intelligent Design wünschte sich Gott vor langer Zeit in einem unbedachten Moment den Menschen. Darum aber soll es hier nicht gehen.

Dieses Buch ist eine Parabel über das Wünschen an sich – warum wir wünschen und weshalb wir auch bei umgehender Wunscherfüllung nicht unbedingt glücklicher werden.

Sie werden dabei eingeführt in die Fähigkeit des Geistes, sich selbst zu betrügen, und werden lernen, dass sich mit Hilfe weniger kognitiver Tricks nahezu alle Ihre Wünsche erfüllen. Je mehr Sie damit spielen, umso mehr werden Sie den Vorhang, die Illusionen, die den Blick auf die Welt verhüllen, durchdringen. Sie können der Narr aus dem Tarot, der zwischen den Welten tanzt, werden. Sie können sich und andere manipulieren. Oder Sie können das Wünschen aufgeben und sich der einzigen Wahrheit, dem aktuellen Augenblick, an die Brust werfen.

Auch die Gefahren des Positiven Denkens[2], der Basis allen Wünschens, werden hier nicht verschwiegen: Es sind die Fallen und Stolpersteine aller Stoßgebete, die viel Unheil anrichten und Leiden schaffen können.

Der Bogen, den das Buch schlägt, endet schließlich bei der Möglichkeit des letzten Wunschs: dass alles weiterhin so geschehen möge, wie es geschieht.

Ob Sie an das Wünschen glauben oder alles für großen Unfug halten, ist dabei unbedeutend, denn ich werde Sie nicht belehren.

Folgen Sie mir auf den Spuren von Philosophie und Psychologie in die Tiefen allzu menschlichen Denkens und kindlichen Glaubens. Was Sie jedoch nie vergessen sollten: All das ist nur ein Spiel – ein Jonglieren mit Theorien, Sprache und ein Verknüpfen von lange vor mir Gedachtem.

Ich hoffe, dass Sie mit Hilfe dieser Anleitung letztendlich den Schleier durchdringen und ein Taschenpieler Ihrer Realität werden.

Anleitung
zum wunschlosen Glück

In der „World Database of Happiness"[3]
der Erasmus-Universität Rotterdam
liegen die Schweiz und Deutschland im Jahr 2007
unter den Top-fünf-Ländern.
Hier sollen, gemessen am persönlichen Glücksempfinden,
die zufriedensten Menschen leben.

„Ein *Wunsch* ist ein Begehren oder Verlangen nach einer Sache oder einer Fähigkeit, ein Streben oder zumindest die Hoffnung auf eine Veränderung der Realität oder das Erreichen eines Zieles für sich selbst oder für einen anderen. Zu den Wünschen gehören sowohl die Glückwünsche als auch negativ besetzte Verlangen (Verwünschungen, Flüche, jemandem die Pest an den Hals wünschen)."[4]

Wünsche, so unterschiedlich sie auch sein mögen, tragen wir alle in uns. Der eine wünscht sich Gesundheit und ganz einfach Glück, ein anderer materielle Güter, wie einen Lottogewinn, und ein Dritter wünscht einer ungeliebten Person Pech und Schwefel an den Hals. Wünschen scheint Teil der menschlichen Natur zu sein. Und da wir bestrebt sind, dieser Natur gerecht zu werden, ist rund ums Wünschen eine Industrie entstanden, die mit Büchern, Filmen und Seminaren versucht, der Wunscherfüllung nachzuhelfen.

Die Botschaft all der boomenden Produkte lautet: Jeder gedachte Wunsch wird wahr, wenn wir nur intensiv und ausdauernd genug an ihn glauben. Und sollte er sich nicht erfüllen, dann mangelte es an Überzeugung. Die Grundidee ist die des *Positiven Denkens:* Was du denkst, wird wahr. Wenn du Schlechtes denkst, wird das Schlechte wahr, wenn du Gutes denkst, das Gute.

Kann Glaube also tatsächlich „Berge versetzen"? Oder waren mit diesem frommen Spruch nur die inneren Berge, die Ängste, Sorgen, Traurigkeiten, Verzagtheiten, Schuldgefühle, Nöte, Ungerechtigkeiten gemeint, kurz, alles, was uns hart zusetzt? Letzten Endes ist das unerheblich, denn unabhängig davon, ob wir uns Materielles wünschen oder so Abstraktes wie Glück: In beiden Fällen hadern wir mit unserer aktuellen Situation. Wir weigern uns hartnäckig, das Jetzt, so wie es ist, zu akzeptieren. Täten wir dies nämlich, dann wären wir augenblicklich und ein für alle Mal wunschlos glücklich.

Der Text des Volksliedes von August Mühling, „Froh zu sein bedarf es wenig, und wer froh ist, ist ein König", trifft also nicht zu. Es scheint ein Widerspruch zu bestehen zwischen dem Glück im Hier und Jetzt und einem subtil andauerndem Verlangen nach mehr.

Warum sollten Menschen Wünsche haben, wenn es ihnen gut geht? Wenn sie alles haben, was sie zum Leben brauchen, und vieles darüber hinaus?

Es fehlt an nichts, und dennoch mangelt es an allem. Aus der früheren Sorge, die Grundbedürfnisse zu erfüllen, wurde ein Zwang, jedes aufsteigende Gefühl von Unannehmlichkeit umgehend aus dem Leben zu verbannen.

Der griechische Philosoph Epikur lehrte, das größte Ziel im Leben sei, Unlust zu vermeiden. In diesem Sinne können wir nie glücklich sein, denn es liegt in der menschlichen Natur, dass immer ein klein wenig zum vollkommenen Glück fehlt. Epikur wusste dies, und so geht es in seiner Glücksphilosophie auch nicht darum, Unzufriedenheit durch übermäßigen Genuss weltlicher Güter zu vermeiden, sondern durch Freisein von Unruhe. Das Ziel ist heitere Gelassenheit, die keineswegs materiellen Wohlstand ablehnt. Es ist eine Zufriedenheit, die entsteht, wenn wir unsere Aufmerksamkeit auf alles, was bereits vorhanden ist, lenken.

Die menschliche Natur indes funktioniert anders. Sie sieht nicht die Pastete, sondern die Fliege auf ihr oder das Haar in der Suppe. Wohlbehagen stellt sich erst dann ein, wenn das letzte Quäntchen Unlust getilgt wurde.

Dafür müssen wir uns nicht schämen, denn dahinter steckt ein genetisches Programm: Ein Zuviel an Zufriedenheit verhindert Evolution. Wir könnten die Hände in den Schoß legen und uns bis zum Sankt-Nimmerleins-Tag entspannen. Dann aber gäbe es keine Entwicklung und morgen nichts zu essen. Daher ist unser inneres Belohnungssystem so konstruiert, dass es sich nach Glücks- oder Unglückserlebnissen schnell wieder auf ein normales Niveau, auf ein Mittelmaß, einpendelt. Wir können machen, was wir wollen, wir kriegen doch den Hals nicht voll.

All unsere Wünsche könnten also erfüllt werden, und doch würden wir nicht satt. Der Schlüssel zu unserem Wohlbefinden liegt nämlich schon lange nicht mehr in der Befriedigung unserer Bedürfnisse, sondern darin, frei zu sein vom Wunsch nach mehr.

Bereits Epikur unterschied zwischen drei Arten von Wünschen: Erstens *natürliche und notwendige Wünsche*, zweitens *natürliche und nicht notwendige Wünsche* und drittens *nicht natürliche und nicht notwendige Wünsche*.

Natürliche und notwendige Wünsche sichern das Überleben. Dazu gehören Essen, Trinken, Nahrung und Kleidung. Sie entsprechen den menschlichen Grundbedürfnissen, deshalb müssen diese Wünsche immer befriedigt werden.

Natürliche und nicht notwendige Wünsche sind den Sinnen angenehm, aber zum Überleben eigentlich überflüssig. Oft aber ist die Befriedigung dieser Wünsche vorteilhaft. Es sind die schönen Dinge, wie Kunst und Dichtung, aber auch Erfindungen, die das Leben einfacher machen.

Nicht natürliche und nicht notwendige Wünsche werden durch eine Meinung hervorgerufen. Es ist die Schönheitsoperation und der Kaviar zum Frühstück. Diese Wünsche sollten nach Epikur niemals erfüllt werden.

Epikur war für Mäßigung und sagte: „Der Reichtum, der keine Grenze hat, ist eine große Armut."

Damit Sie beim Wünschen nicht verarmen und verzweifeln, habe ich dieses kleine Buch geschrieben.

Wie aber werden Sie frei vom Wünschen und wunschlos glücklich?

Zuerst einmal sollten Sie verstehen, wie der menschliche Verstand, das Wünschen, aber auch die Wunscherfüllung funktionieren.

Ihr Gesellenstück ist das Erschaffen von Realität.

Danach vertiefen Sie das bisher erworbene Wissen, indem Sie sich mit den Tricks und Kniffen, aber auch den Gefahren des Wünschens vertraut machen. Spätestens hier sollten Sie beginnen, mit Ihren erworbenen Fähigkeiten zu experimentieren. Denn letztendlich geht es nicht um die Erfüllung Ihrer Wünsche, sondern um ein Spiel mit der Realität: um ein Glück, das sich aus dem Augenblick speist und aus Ihrer Meisterschaft, genau diesen Moment mit Haut und Haaren zu durchdringen.

Eine einfache Glücksformel lieferte der römische Philosoph und Dramatiker Seneca: „Wer die Einsicht besitzt, ist auch maßvoll; wer maßvoll ist, auch gleichmütig; wer gleichmütig ist, lässt sich nicht aus der Ruhe bringen; wer sich nicht aus der Ruhe bringen lässt, ist ohne Kummer; wer ohne Kummer ist, ist glücklich: Also ist der Einsichtige glücklich, und die Einsicht reicht aus für ein glückliches Leben!"

Warum überhaupt Wünschen?

Was wäre, wenn sich alle Ihre Wünsche erfüllten?
Und was wäre, wenn sich alle Wünsche
bis auf einen Wunsch erfüllten?
Wann sind Sie zufrieden?
Wann fühlen Sie sich frei?
Wann gäbe es nichts mehr zu wünschen?
Was brauchen Sie, um heiter und gelassen zu sein?

„So mild und hilfsbereit Götter auch den leidenden Menschen zur Seite stehen, so hart und unnachsichtig trifft die Strafe jeden, der ihnen die Stirn zu bieten wagt. Sisyphos, der Erbauer der Stadt Korinth, erhob sich gegen die Götter. Er hielt sich für den listigsten der Sterblichen und scheute sich nicht, Zeus' Zorn auf sich zu ziehen."[5]

Die Strafe folgte auf dem Fuß. Sisyphos muss seither mit großer Kraftanstrengung einen schweren Marmorstein einen Hügel hinaufwälzen. Sobald er glaubt, das Ziel erreicht zu haben, entgleitet der tückische Stein seinen Händen und rollt den Hang hinab in die Tiefe. Immer wieder muss Sisyphos unter unsäglichen Mühen ans Werk, doch immer wieder bleibt ihm der Erfolg versagt.

Die Frage, die der Mythos von Sisyphos in Bezug auf das Wünschen aufwirft, lautet: Was wäre, wenn Sisyphos einfach wünschen würde, dass der Stein auf dem Gipfel liegen bleibt, und dieser Wunsch in Erfüllung ginge? Wäre Sisyphos glücklich, wäre er froh, es endlich geschafft zu haben?

Was täte Sisyphos, wenn er keinen Stein mehr einen Berg heraufrollen müsste? Würde er sich in die Sonne legen und sein Leben genießen?

Die wichtigste Frage aber ist: Gäbe es Sisyphos überhaupt noch, oder würde er ohne seine Aufgabe seine Bestimmung und Identität verlieren? Würde er gar depressiv oder Alkoholiker werden?

Und was wäre, wenn sich all Ihre Wünsche erfüllten?

Zuerst würden Sie jubeln: „Toll. Endlich ein sorgenfreies Leben!"

Und dann? Hätten Sie neue Wünsche, oder wären Sie wunschlos glücklich?

Seien Sie nur einen Augenblick ganz ehrlich: Sie würden weiter wünschen. Das ist höchst menschlich.

Sigmund Freud, der Begründer der Psychoanalyse, sagte: „Die Absicht, dass der Mensch glücklich sei, ist im Plan der Schöpfung nicht enthalten." Und er hat Recht, denn der Antrieb für allen Fortschritt ist eine subtile, aber fortwährende Unzufriedenheit. Kein erfüllter Wunsch bringt Sie heiterer Gelassenheit näher, vielmehr scheint Wünschen ein Fass ohne Boden zu sein.

Ein Beispiel: Sie wünschen sich einen Lottogewinn. Wenn Sie ihn haben, wünschen Sie sich eine sichere Geldanlage und hohe Zinsen; dann eine möglichst niedrige Inflation, und so geht es weiter. Eventuell wünschen Sie sich sogar, weil es so gut funktionierte, fürs nächste Mal einen höheren Lottogewinn.

Und dann beginnen die Sorgen: Können Sie Ihrem Anlageberater vertrauen? Wie sicher ist die Weltwirtschaftslage? Steht ein Börsencrash bevor?

Wünschen trägt also nur zu einer vorübergehenden Zufriedenheit bei, denn je mehr Sie wünschen, umso mehr neue Wünsche, aber auch neue Befürchtungen entstehen.

Und was täten Sie, wenn sich einige Wünsche trotz aller Anstrengungen nicht erfüllen? Wären Sie am Ende womöglich sogar unglücklicher als vorher? Vielleicht würden Sie dann den einen unerfüllten Wunsch für all Ihre Unzufriedenheit verantwortlich machen.

Es geht jedoch auch anders: Statt zu wünschen, dass die Last des Alltags verschwindet, dass Leid und Mühe aufhören, ist es möglich, genau für dieses Leben und alles, was es mit sich bringt, Verantwortung zu übernehmen.

Für den Schriftsteller Albert Camus[6] ist Sisyphos ein Held. Einer, der sich gegen die Gesetze auflehnt und die Verantwortung für seine Taten übernimmt. Statt die Götter zu verfluchen, beschließt er, seine Strafe bewusst zu leben. Mit dieser Entscheidung löst sich Sisyphos von den Göttern und wird frei. Er kann sein selbstbestimmtes Schicksal leben. Jeder Augenblick dieses schwierigen Lebens gehört ihm. Er ist nicht mehr dazu verdammt, den Berg hinaufzusteigen, sondern er selbst entscheidet, es zu tun. Er wird Herr seines Schicksals.

Die endlose Arbeit des Sisyphos steht für die menschliche Existenz. Und wir alle haben die Wahl, unser Leben über uns ergehen zu lassen oder es selbst in die Hand zu nehmen.

Mit „in die Hand nehmen" ist aber nicht Wünschen gemeint, sondern das Leben annehmen und das Beste daraus machen. Wenn wir etwas annehmen, sind wir frei. Im Wünschen hingegen bleiben wir in der Erwartung auf eine möglichst schnelle Wunscherfüllung gefangen. Wir sind Gefangene unserer Wünsche.

Wie das enden kann, beschreiben die Gebrüder Grimm im Märchen *Vom Fischer und seiner Frau:* „Ein Fischer, der mit seiner Frau in einer armseligen Hütte lebt, fängt im Meer einen Butt, der als verwunschener Prinz um sein Leben bittet. Der Fischer lässt ihn frei. Als Ilsebill, die Frau des Fischers, das hört, fragt sie ihn, ob er sich denn im Tausch gegen die Freiheit nichts gewünscht habe. Sie drängt ihren Mann, den Butt zu rufen, um sich ein großes Haus zu wünschen. Diesen Wunsch erfüllt ihm der Zauberfisch. Doch Ilsebill ist damit nicht zufrieden. Immer wieder verlangt sie von ihrem Mann, den Butt an Land zu rufen, und immer größere Wünsche werden eingefordert. Der Fischer teilt die Wünsche seiner Frau nicht und beugt sich ihnen nur widerwillig, unternimmt aber nichts, um sich durchzusetzen. Je maßloser Ilsebills Wünsche werden, desto mehr verschlechtert sich das Wetter. Die See wird erst grün, dann blauviolett, dann schwarz, und auch der Sturm tobt immer heftiger. Ilsebill will zuerst einen Königspalast haben, dann Königin, Kaiserin und schließlich Papst werden. Als sie den Bogen überspannt und fordert, der liebe Gott zu werden, versetzt sie der Butt zur Strafe zurück in die armselige Hütte."[7]

Überlegen Sie also genau, ob Sie einen so dringenden Wunsch haben, dass Sie riskieren möchten, eine Wunschlawine auszulösen, oder ob es nicht besser ist, augenblicklich und jetzt wunschlos glücklich zu sein.

Weil ich annehme, dass Sie noch immer am Konzept des wunschlosen Glücks zweifeln, habe ich für Sie einen Lehrgang in Wünschen mit garantierter Wunscherfüllung vorbereitet. Ohne Erfahrung im Wünschen, ohne das exquisite Erlebnis, Meister Ihrer Realität zu sein, können Sie das Wünschen nämlich nur schwer loslassen.

Viele der beschriebenen Techniken werden Sie bereits kennen und mehr oder weniger unbewusst anwenden. Um jedoch Meisterschaft zu erlangen, ohne unglücklich zu werden, ist es unumgänglich, dass Sie die Tricks des täglichen Selbstbetrugs durchdringen, über sie hinauswachsen und letztendlich hinter sich lassen.

Beginnen Sie Ihre Ausbildung auf den nächsten Seiten.

Lehrjahre

Früh übt sich, was ein Magier wird.

Übungen für Anfänger:
Zum Magier werden

Erfolgreich wünschen ist Magie.
Um das zu erreichen, müssen Sie ein Zauberer werden.
Das aber ist einfacher, als Sie glauben.
Erinnern Sie sich – es gab eine Zeit in Ihrem Leben,
da waren Sie Magier: als zwei- bis sechsjähriges Kind.

Es gab eine Zeit, da glaubten Sie an den Weihnachtsmann: Er kam mit seiner mit Geschenken beladenen Kutsche vom Himmel und legte die für Sie bestimmten Päckchen unter den Weihnachtsbaum.

Sie konnten es kaum erwarten, die Geschenke auszupacken, und waren bald versunken in Ihr Spiel mit all den neuen Dingen. Es war nicht mehr wichtig, woher die Geschenke kamen, sondern nur, dass sie kamen. Sie waren, soweit die Geschenke Ihren Wünschen entsprachen, glücklich und hatten zumeist den Mann mit dem weißen Bart vergessen.

Die meisten unter Ihnen dachten nicht darüber nach, ob es ihn wirklich gibt und warum Weihnachtsmänner auf ihren Kutschen beim Flug durch den Himmel nicht wenigstens ab und zu mit Flugzeugen zusammenstoßen. Eventuell überlegten Sie aber auch, wie er es schafft, bei der Menge von Kindern immer pünktlich zu sein, und fanden keine Antwort.

Heute glauben Sie zu wissen, dass es den Weihnachtsmann nicht gibt und dass die Spielsachen aus einer darauf spezialisierten Abteilung des nahen Kaufhauses kommen. Damit haben Sie aber nicht nur einen großen Teil Ihrer Fantasie, sondern auch Ihrer kindlich magischen Fähigkeiten verloren. Sie wurden erwachsen und tauschten kindlichen Glauben gegen logisches Denken ein. Magie und Wünschen funktionieren aber nicht in der auf Gewissheiten und Logik errichteten Welt der Erwachsenen.

Dies bedeutet nicht, dass Sie wieder anfangen sollen, an den Weihnachtsmann zu glauben, sondern nur, nichts als gegeben und sicher hinzunehmen. Nicht einmal die Spielzeugabteilung.

Versuchen Sie sich an die Zeit zu erinnern, in der Sie unvorbelastet und ohne Vorbehalte der Mittelpunkt Ihres Universums waren. Es war die Zeit, in der Sie Ihrer Fantasie freien Lauf ließen und unbeeinflusst von erwachsenen Besserwissern in Ihrer Welt lebten.

Spätestens in der Grundschule wurde Ihnen viel dieses magischen Glaubens genommen. Sie lernten, dass es angeblich ewig gültige Naturgesetze gibt und sich das Universum danach richtet. Wirklich bis ins kleinste Detail konnte Ihnen allerdings niemand diese Gesetze erklären. Und seien Sie beruhigt: Es gibt selbst in den harten Wissenschaften bis jetzt keine „letzten Erklärungen", sondern nur Annahmen und Wahrscheinlichkeiten. Diese Grundlagen jeder wissenschaftlichen Theorie werden *Axiome* genannt. Dass Sie funktionieren, sagt nichts über ihren Wahrheitsgehalt aus. Es bedeutet nur, dass sie praktisch und experimentell wiederholbar sind und sich viele Menschen auf diese Annahmen einigten.

Aber was bedeutet das in letzter Konsequenz?

Es heißt: Glauben Sie an die Wissenschaft und nicht an das Wünschen, denn die Mutmaßungen der Wissenschaft sind praktischer und leichter zu handhaben. Mehr nicht.

Die erste Übung ist daher, dass Sie sich an die Zeit erinnern, als Sie ein zwei- bis sechsjähriges Kind waren. In dieser Zeit hatten Sie magische Kräfte. Sonne und Mond folgten Ihnen, und Ihr Schatten hatte eine Persönlichkeit. Vielleicht hatten Sie imaginäre, für andere unsichtbare Freunde, die über übernatürliche Kräfte verfügten und Wunder vollbrachten.

Möglicherweise werden Sie jetzt sagen: „Ja, so war das damals, aber jetzt bin ich erwachsen und kann doch unmöglich an so etwas glauben!"

Für Kinder haben Kuscheltiere eine Seele, und auch uns Erwachsenen spenden Sie in manchen Zeiten Trost. Indem wir uns in unsere Kindheit zurückversetzen, schieben wir einen Moment lang unser Wissen beiseite und lassen das Kind in uns träumen.

Mit dem Wünschen ist es ähnlich. Ein Teil in uns erhofft sehnsuchtsvoll, dass es funktioniert. Das ist das innere Kind, das sich seiner frühen Allmachtsfantasien erinnert. Ein anderer Teil, der Erwachsene, ist voller Skepsis. Und es geht am Ende ja auch nicht um wirkliche Wunscherfüllung, die materielle Manifestation unserer Wünsche in der Welt, sondern um Hoffnung und Trost. Hoffnung und Trost aber ziehen Erwachsene wie Kinder schon seit Jahrtausenden aus dem Glauben.

Wünschen Sie also ruhig weiter, und erinnern Sie sich an die Macht, die Sie als Kind hatten.

In der Entwicklungspsychologie wird diese Phase als *präoperationales Stadium*[8] bzw. die *magische Phase*[9] bezeichnet: Auf dieser Entwicklungsstufe sieht sich das Kind mit seinen Bedürfnissen als Zentrum der Welt. Alles wird in Bezug auf das Ich wahrgenommen. Es nimmt an, dass jeder so denkt wie es selbst und dass die ganze Welt seine Gefühle und Wünsche teilt. Dieses Gefühl des Einsseins führt im Kind zu der Überzeugung magischer Kräfte.

Die Welt wurde nur seinetwegen geschaffen.

Erinnern Sie sich daher noch einmal daran, wie Ihnen Mond, Sonne und Ihr Schatten folgten und Sie der Mittelpunkt des Universums waren. Es war nicht ihre Absicht, dass der Schatten Ihnen nachlief, sondern er tat es, ohne dass Sie sich bemühten. Sie mussten nicht wünschen, um etwas zu erreichen, sondern es geschah von selbst, weil es so eingerichtet war.

Diese Leichtigkeit sollten Sie nun wiedergewinnen, denn sonst funktioniert Wünschen nicht.

In der Fabel „Die Gans, die goldene Eier legte" erzählt Jean de La Fontaine: Ein Mann hatte eine Gans, die goldene Eier legte. Anstatt sich damit zufriedenzugeben, täglich ein goldenes Ei zu behalten, wollte er mehr. Um zu begreifen, woher die goldenen Eier kommen und wie sie entstehen, schnitt er der Gans den Bauch auf. Die aber überlebte den Eingriff nicht, sie verblutete, und die Goldquelle des Mannes versiegte.

Das ist der Unterschied zwischen dem kindlichen Magier und einem Erwachsenen: Der kindliche Magier weiß, dass die Dinge geschehen, und ist damit zufrieden. Der Erwachsene hingegen sucht Erklärungen und will wissen, warum und wie etwas funktioniert. Wahrscheinlich war der Mann in der Fabel Veterinär und hatte jeden magischen Glauben verloren, denn die wenigsten Kinder besitzen den Wagemut, ihr Kuscheltier einer Operation zu unterziehen, um dann entsetzt festzustellen, dass es nur Stroh enthält.

In dem Standardwerk über Schamanismus, *Traumzeit und innerer Raum,* schreibt der Psychologe Holger Kalweit dazu: „Für die Magie ist alles mit allem verbunden, eins ersetzt das andere, und das Bewusstsein besitzt, einer gigantischen Telefonzentrale gleich, Zutritt zu allen anderen Bewusstseinsebenen. Um diese Ebene der Erfahrung zu erreichen, fordern alle mystischen Schulen die vorübergehende Vernichtung des ‚normalen' Bewusstseins und die Aufhebung des rationalen Denkens durch mentale Techniken."[10]

Die Techniken, die Ihnen helfen, dass sich all Ihre Wünsche erfüllen und Sie trotzdem wunschlos glücklich sind, erhalten Sie in den nächsten Abschnitten. Spielen Sie mit ihnen, spielen Sie wie ein Kind. Und auch wenn Ihnen manches davon merkwürdig erscheint: Hüten Sie sich davor, der Gans den Bauch aufzuschneiden! Sie wären nur enttäuscht.

Zeit ist relativ oder:
Nachher ist man immer klüger

*Dass Zeit eine Illusion ist,
wird Ihnen jeder Physiker bestätigen.
Glauben Sie den Wissenschaftlern,
und drehen Sie die Zeit um.
Denken Sie bei jedem Ereignis,
dass Sie es vorausgesagt haben,
selbst wenn es nicht so war.
Beginnen Sie mit der Zeit
und Ihren Erinnerungen zu spielen.*

„Auf irgendeine geheimnisvolle Weise musste sich der alte Mann mit der Brille, dem blauen Flanellhemd und einem Kranz grauer Haare auf dem Kopf in das Gedächtnis von Chris Coan eingeschlichen haben. Lebhaft schildert der Vierzehnjährige, wie er im Alter von fünf Jahren in einer Einkaufspassage verloren ging und wie seine Mutter ihn später in Begleitung des Mannes wiederfand. ‚Ich hatte schreckliche Angst', erinnert sich der junge Amerikaner. ‚Ich hab' gedacht, jetzt sehe ich meine Familie nie wieder.'"[11]

Tatsächlich ging Chris nie verloren. Mit einem Trick hatte die Psychologin Elizabeth Loftus von der University of Washington in Seattle ihm die Erinnerung eingepflanzt: Die Wissenschaftlerin bat seinen älteren Bruder Jim, Chris drei wahre Geschichten aus dessen Kindheit zu beschreiben – und eine erfundene. Chris eignete sich auch die erfundene Geschichte an und schmückte sie sogar aus. Als der Bruder ihn nach einigen Wochen aufklärte, konnte Chris es nicht glauben: „Ich erinnere mich doch genau, wie ich geweint habe und wie Mom auf mich zukam und sagte: Mach das nie wieder!"[12]

Dieser Effekt wird *False-Memory-Syndrom* genannt, und unabhängig von unserer Wahrheitsliebe können wir uns ihm nicht entziehen. In Bereichen wie der Politik ist die *verzerrte Erinnerung* oft sogar notwendig, um überzeugend aufzutreten.

Auch unter Freunden oder am Stammtisch wird das allzu Normale oft in ein fantastisches Kostüm verpackt. Während wir die Geschichten erzählen und ausschmücken, ist uns dies noch bewusst, spätestens aber nach wenigen Wochen haben sich Fiktion und Realität in unserem Gedächtnis vermischt: Wir halten unsere eigenen Märchen für wahr.

Hans Markowitsch, Professor für Physiologische Psychologie, meint dazu: „Das autobiografische Gedächtnis hat wenig mit der Vergangenheit zu tun, es ist vielmehr dafür da, dass wir uns in der Gegenwart und in der Zukunft orientieren können."[13]

Diese Beschränkung des Gedächtnisses können Sie bei der Entwicklung Ihrer magischen Fähigkeiten ohne Schuldgefühle nutzen. Erinnern Sie sich dafür an ein aktuelles Ereignis dieses Tages, zum Beispiel daran, dass Sie genau vor Ihrem Haus einen Parkplatz fanden, dass heute Morgen eine lang erwartete Nachricht im Briefkasten lag oder etwas ähnlich Prägnantes, über das Sie sich freuten.

Als Nächstes stellen Sie sich vor, dass Sie dieses Ereignis gestern gewünscht und es vorausgesehen haben. Es ist dabei vollkommen unwichtig, ob es wirklich so war.

Je plastischer Sie die Erinnerung an den Moment des Wünschens werden lassen, umso größer wird später der Effekt sein. Sparen Sie also nicht mit Ausschmückungen. Sagen Sie sich zum

Beispiel: „Genau, ich erinnere mich, gestern beim Einräumen der Spülmaschine habe ich mir gewünscht, einen Brief von XY zu erhalten, und heute Morgen lag er im Briefkasten." Verstärken Sie die *falsche Erinnerung* noch, indem Sie, während Sie sie erschaffen, eine Handbewegung machen, als würden Sie die Spülmaschine einräumen.

Wiederholen Sie diese Übung mit mehreren wichtigen Ereignissen, und versuchen Sie dabei, die Erinnerungen an die Momente, in denen Sie sich etwas wünschten, immer bildhafter werden zu lassen. Trainieren Sie das auch mit kleinen, weniger wichtigen Ereignissen. Versuchen Sie, das Erschaffen der Vergangenheit, den Rückblick, so nebensächlich wie möglich werden zu lassen. Je weniger Ihr logischer Verstand in den Vorgang des Erinnerns einbezogen wird, desto größer werden Ihre Erfolge. Seien Sie nicht zu kritisch, und erwarten Sie keine sofortigen Ergebnisse. Ihr Gehirn braucht etwas Zeit, um Fakten und Fiktion untrennbar miteinander zu vermischen.

Sie werden jetzt einwenden, dass Sie sich alles doch nur eingeredet hätten und dass dies grober Selbstbetrug sei. Vergessen Sie das, denn Ihr Gehirn vergisst es auch. Im Rückblick mischen sich Wahrheit und Selbsterschaffenes zu Ihrer persönlichen Erinnerung. Über die Verbindung Ihres Wunsches mit einem wirklichen Ereignis, nämlich dem Einräumen der Spülmaschine, haben Sie Ihr Gedächtnis umprogrammiert.

Diese Manipulation werden Sie aber schneller vergessen, als Sie glauben – sie ist kein wichtiges Ereignis. Das menschliche Gedächtnis ist effizient organisiert, und daher erinnern Sie sich eher an wichtige Erfahrungen als an unbedeutende. Wichtige Erfahrungen könnten sich wiederholen, und darauf müssen Sie vorbereitet sein. Ein erfüllter Wunsch ist eine sehr wichtige und machtvolle Erfahrung. Die Veränderung einer Erinnerung ist dagegen Nebensache.

Sie kombinieren in dieser Übung drei wichtige magische Techniken. Die erste, das *False-Memory-Syndrom* habe ich bereits beschrieben.

Die zweite Technik ist das *Fließen der Zeit*. Zeit bezeichnet im Alltag das vom menschlichen Bewusstsein wahrgenommene und scheinbar kontinuierlich fortschreitende Auftreten von Ereignissen. Dieses menschliche Empfinden des Ablaufs der Zeit ist von ihrem Vergehen geprägt. Die markanteste Eigenschaft ist dabei der Umstand, dass es stets eine aktuelle Stelle zu geben scheint, die wir Gegenwart nennen. Diese bewegt sich unaufhaltsam von der Vergangenheit in Richtung Zukunft. Dieses Phänomen wird *Fließen der Zeit* genannt und entzieht sich hartnäckig einer wissenschaftlichen Erklärung.[14] Sie können also beruhigt und ohne jedes Schamgefühl mit der Zeit spielen. Vergangenheit und Zukunft haben keine Realität: Sie existieren nur in Ihrer Wahrnehmung. Es spricht nichts dagegen, die Vergangenheit entsprechend den eigenen Vorstellungen zu modellieren. Alle Menschen tun dies unbewusst, andere wiederum sehr bewusst – jede Führungskraft und jeder Richter wissen das.

Die dritte Technik wird als *Methode des texanischen Scharfschützen*[15] bezeichnet: Ein texanischer Hinterwäldler schießt mit einer Schrotflinte auf eine Scheune und zeichnet dann um jedes Einschussloch eine Zielscheibe. Später brüstet er sich vor seinen Freunden mit seiner Treffgenauigkeit. Logisch betrachtet ist die *texanische Scharfschützenmethode* die Umkehrung des *Ursache-Wirkung-Prinzips*. Sie wenden dieses Prinzip an, indem Sie die Voraussage zu einem eingetretenen Ereignis erschaffen.

Wenn Sie die Kombination dieser Techniken perfekt beherrschen, werden Sie nie wieder sagen müssen: „Im Nachhinein weiß man immer alles besser." Stattdessen können Sie immer sagen: „Ich hab's gewusst."

Vertrauen und folgen Sie mir. Ich werde Sie in die Täuschungen menschlichen Denkens einweihen, so wie der Hase Alice in *Alice im Wunderland* in den Kaninchenbau mitnahm.

Während Ihrer Ausbildung zum Magier können aber auch Dinge geschehen, über die Sie sagen: „Das habe ich mir nie und nimmer so gewünscht." Lassen Sie sich davon nicht erschrecken, denn auch hier gibt es effektive Werkzeuge. Eines der kraftvollsten ist die Kunst der Wahrnehmung.

Die Kunst der Wahrnehmung:
Sehen Sie nur das, was Sie sehen wollen

Wenn es mehrere Gründe für ein Ereignis gibt,
sortieren Sie sie aus.
Es kann nur einen wahren Grund
für eine Begebenheit geben:
Sie wünschten sie.
Suchen Sie nach Bestätigungen,
und finden Sie Erklärungen,
alle anderen Möglichkeiten zu widerlegen.
Trainieren Sie Ihre Sehgewohnheiten,
und schärfen Sie Ihre Fähigkeit der Interpretation.

Wenn Sie öfter mit dem Zug fahren, werden Sie mit vielen anderen Passagieren darin übereinstimmen, dass Züge mehrheitlich überlastet sind. Sie können dies auch belegen, denn Sie sehen viel häufiger volle als leere Züge. Der Pressesprecher der Bahn hingegen beharrt darauf, es gebe weit mehr leere als überfüllte Züge. Woher kommt dieser Widerspruch?

Ganz einfach: Wenn ein Zug überfüllt ist, sehen einige Hundert Menschen einen vollen Zug. Ist ein Zug fast leer, so merken das nur wenige Passagiere und der Kontrolleur, der es dem Pressesprecher erzählt. Mit anderen Worten: Wenn Sie nur überfüllte Züge sehen, bedeutet das nicht, dass es fast nur überfüllte Züge gibt. Es bedeutet nur, dass überfüllte Züge viel häufiger gesehen werden als leere. Dies hat auch nichts mit den Stoßzeiten und dem Berufsverkehr zu tun, denn selbst wenn die Bahn die

Stoßzeiten optimal mit Entlastungszügen überbrückt, sodass es nur noch ganz wenige überfüllte Züge gibt, werden immer noch mehr Passagiere, Sie selbst eingeschlossen, in überfüllten Zügen als in leeren sitzen. Sonst wären die Züge ja nicht überfüllt.[16]

Würde die Bahn nun eine Umfrage über die Auslastung ihrer Züge unter allen Passagieren durchführen, wäre das Ergebnis klar: Die Züge sind rammelvoll. Schaut hingegen der Finanzchef der Bahn auf die Anzahl der verkauften Fahrscheine, wird diese im Verhältnis zu den überfüllten Zügen mager sein. Aus diesem Widerspruch könnte er schließen, dass die meisten Passagiere schwarzfahren oder dass viele Fahrkartenverkäufer die Einnahmen unterschlagen.

Das beschriebene Problem wird in der Marktforschung als *Irrtumswahrscheinlichkeit* bezeichnet und lässt sich rechnerisch einfach bereinigen. Wie sieht es aber bei den Verspätungen der Züge aus?

Sie kennen das Phänomen: Nahezu alle Züge, Straßenbahnen, Busse und Flugzeuge, die Sie benutzen, haben Verspätung. Dennoch behaupten die Bahnen und Fluggesellschaften, dass ungefähr 98 Prozent ihrer Verkehrsmittel pünktlich sind. Da scheint etwas nicht zusammenzupassen – objektive Messung und persönliche Erfahrung stimmen nicht überein. Diese Abweichung wird als *negative Teststrategie* bezeichnet: Sie kommen an einen Bahnsteig, und wenn der Zug pünktlich abfährt, entspricht das Ihrer Erwartung. Es ist nichts Besonderes, und Sie vergessen es sofort, denn was kann man von der Bahn anderes erwarten als pünktliche Züge? Kommt aber ein Zug zu spät, dann ist das ein Ärgernis, und so etwas prägt sich ein. Kein Wunder, dass Sie sich zumeist nur an verspätete oder verpasste Züge erinnern – an alle Züge, die in Ihrem Gedächtnis unangenehme Spuren hinterließen.

Genauso verhält es sich mit den Schlangen an der Kasse im Supermarkt oder im Postamt, den roten Ampeln, vor denen Sie entnervt warten, und natürlich mit der allabendlichen Parkplatzsuche.

Wie gelangen Sie aus diesem Dilemma heraus, wo es anscheinend doch immer Sie trifft?

Beginnen Sie damit, vollen oder verspäteten Zügen eine Bedeutung zu geben. Es ist kein dummer Zufall, dass ausgerechnet Sie heute einen vollen oder verspäteten Zug erwischt haben. Es muss ein tieferer Sinn dahinterstecken, und natürlich ist es auch geschehen, weil Sie es sich wünschten. Schon mit dieser einfachen Interpretation entgehen Sie der Opferfalle: Sie sind nicht mehr Spielball des Schicksals oder chaotischer Planer von Zuganschlüssen. Sie sind Herr Ihres Lebens und Erlebens geworden, denn Sie haben sich alles genau so gewünscht, wie es eintrat.

Sie könnten jetzt einwenden, dass sich niemand einen verspäteten Zug oder rote Ampeln wünscht. Mag sein, aber damit lehnen Sie nur ab, aus jedem Ereignis das Positive zu ziehen und für Ihr Empfinden in der Situation die Verantwortung zu übernehmen. Seien Sie beruhigt, ein gewisser *pessimistischer Skeptizismus* gehört zu unserer menschlichen Grundausstattung, denn er bewahrt uns davor, übermütig zu werden und zu viel auf einmal zu riskieren.

Damit Ihnen der Schritt zum *positiven Denken* dennoch gelingt, beginnen Sie damit, für Sie negative Ereignisse zu interpretieren: In einem vollen Zug können Sie zum Beispiel mehr Leute treffen. Es gibt also einen guten Grund dafür, dass Sie sich genau jetzt in diesem vollen Zug befinden. Und tatsächlich, Sie treffen einen alten Freund oder eine Freundin, die Sie lange nicht gesehen haben. Was für ein Zufall – noch gestern haben Sie an diese Person gedacht! Und wenn Sie niemanden treffen, dann finden Sie einen anderen Grund. Geben Sie irgendeinem Ereignis, irgendeiner Person eine Bedeutung.

An einer roten Ampel lächeln Sie dem Autofahrer neben sich zu oder lassen Ihren Blick schweifen und entdecken ein Detail im Stadtbild, das Ihnen an dieser Stelle bisher nicht auffiel. Geben Sie diesem Ereignis eine Größe: Welch ein Geschenk an diesem trüben Tag! Und alles nur, weil Sie an dieser Ampel halten mussten.

Sollten Sie dennoch einmal auf einen leeren Zug stoßen oder keine Schlange an der Kasse vorfinden, argumentieren Sie damit, dass Ihre Fähigkeit des *wirklichen Wünschens* langsam gewachsen ist und beginnt, sich der Welt zu zeigen. Lernen Sie auch, nur das wahrzunehmen, was Ihnen nützt, und alles andere unverzüglich positiv zu deuten – selbst Krankheit und Tod.

Die Wissenschaft bezeichnet das, was Sie gerade üben, als *positive Teststrategie*[17]. Sie gehört zu den *kognitiven Täuschungen* und wird auch *selektive Wahrnehmung* bzw. *Confirmation Bias*[18] genannt. Frei übersetzt bedeutet *Bias* „mentaler Tunnel". Weniger charmante Übersetzungen sind Voreingenommenheit oder Befangenheit.

Der *Confirmation Bias* beschreibt die menschliche Neigung einer einseitigen Suche nach bestätigenden Ereignissen. Menschen sind Informationssucher. Sie scannen ihre Umwelt ständig nach bekannten und unbekannten Hinweisen ab. Die Informationssuche verläuft dabei in der Regel zielgerichtet. Zuerst haben Sie eine Vermutung, wie etwas sein könnte, dann wird die Umgebung nach Hinweisen abgesucht, die diese Annahme untermauern. Sie bestätigen sich also selbst. Objektiv sinnvoller wäre es, gleichermaßen nach bestätigenden und widerlegenden Hinweisen zu suchen. Das aber liegt nicht in unserer Natur. Widerlegende Annahmen müssten nämlich zu einer Veränderung eingeübter Handlungsabläufe und Verhaltensmuster führen. Das möchte das Gehirn jedoch vermeiden, denn es ist nicht nur äußerst effektiv organisiert, sondern auch sehr bequem. Nutzen Sie das aus.

Dennoch kann es Ereignisse geben, bei denen die *positive Teststrategie* und die *selektive Wahrnehmung* nicht befriedigend funktionieren. Dann müssen Sie zu feineren Methoden greifen. Lesen Sie weiter, und erfahren Sie die subtileren Tricks, mit denen Sie Ihre Wahrnehmung steuern können.

Was nicht passt,
wird passend gemacht

Nichts ist schlimmer,
als wenn sich eine Ihrer Voraussagen nicht erfüllt.
Ihr mühsam errungener Selbstwert,
Ihre ganzen Bemühungen sind dahin.
Lassen Sie also den Ereignissen, zumindest anfangs,
einen gewissen Spielraum.
Entwickeln Sie Toleranz gegenüber Ihren Vorhersagen,
und wenn die Toleranz überschritten wird,
passen Sie Ihren Maßstab an.

Langsam wurde der Festtagsspeck um Ihren Bauch sichtbar, und nun suchen Sie, um ein wenig abzunehmen, ein Fitnesscenter. Das einzige in direkter Nachbarschaft ist eine antiquierte Muskelbude. Dennoch sind Sie zu bequem, einen längeren Weg auf sich zu nehmen, und beginnen mit dem Training. Um sich herum sehen Sie nur gestählte Männer und Frauen, die Eisen wuchten, wie Sie nicht einmal ein Kilo Äpfel. Und obwohl Sie ein fauler Mensch sind, entwickelt sich in Ihnen, wenn auch langsam, ein gewisser Ehrgeiz. Sie beginnen wie verrückt zu trainieren, bekommen aber statt Muskeln nur Muskelkater, und als dieser nachlässt, holen Sie sich prompt eine Zerrung. Ihr Muskelwachstum braucht, auch wenn Sie das nicht wahrhaben wollen, Zeit. Es kann nicht mit Ihren Vorstellungen von Entwicklung mithalten, und langsam werden Sie enttäuscht. Wenn sich nicht bald ein Erfolgserlebnis einstellt, brechen Sie

Ihr Training ab und geben auf. Außerdem möchten Sie über Ihre Erfolge reden. Diese erscheinen Ihnen aber bisher viel zu klein, um damit bei Ihren Freunden zu punkten. Sie brauchen eine Motivation, und zwar um jeden Preis.

Hier könnte Ihnen eine Relativierung helfen: Für Bodybuilder sind die Gewichte, die Sie stemmen, Peanuts. Für einen untrainierten Menschen wie Sie stellt das Bewegen derselben Gewichte aber eine herausragende Leistung dar. Es geht also um den Maßstab, den Sie anlegen, und dieser sollte sich idealerweise an Ihre gefühlte Anstrengung anpassen.

Damit das Spiel mit Relativität glückt, müssen Sie aber zuerst einmal die Messlatten zur Seite legen: Beim Training mit Gewichten bietet es sich an, auf das Zählen der Wiederholungen zu verzichten. Trainieren Sie wie bisher weiter, aber zählen Sie nicht mehr mit.

Später, nach dem Duschen, versuchen Sie sich an die Anzahl der Wiederholungen an den einzelnen Geräten zu erinnern. Und da Ihnen dazu nicht viel einfällt, passen Sie die Erinnerungsfragmente der gefühlten Anstrengung an. Sie nennen es Selbstbetrug, aber denken Sie einmal nach: Sie müssen verdammt viele Wiederholungen gemacht haben, denn sonst hätten Sie nicht solche Schmerzen. Es würde ein wenig ziepen, aber nicht so, dass Sie gleich eine Sauna, eine Sportmassage und einen Tag Schonung brauchen. Das ist eine gute Geschichte für einen Abend mit Freunden. Und lassen Sie Ihre Erfahrung bildlich werden. Stellen Sie sich den hunderteinundsechzigsten Sit-up mit einem Gewicht auf der Brust vor. Spüren Sie Ihre Muskeln, Ihren Kampf und Ihr Leid. Sie sind weit über Ihre Grenzen gegangen, Sie sind über sich hinausgewachsen!

Vergessen Sie nie: Maßstäbe sind relativ und können sich jederzeit in einem gewissen Rahmen ändern. Im Sommer ist ein

Zollstock zum Beispiel etwas länger als im Winter, denn Wärme dehnt Materie aus.

Selbst Zeit ist nicht unter allen Umständen und für alle gleich. Albert Einsteins *Spezielle Relativitätstheorie* aus dem Jahr 1905 beschreibt das Phänomen unterschiedlicher Wahrnehmung von Zeit aus der Sicht von Beobachtern, die sich relativ zueinander bewegen. Das ist kompliziert, und Sie müssen diese Theorie auch nicht durchdrungen haben, um im Alltag vom Phänomen der Relativität zu profitieren. Wichtig ist nur, dass Sie einmal davon gehört haben, denn das reicht, um zu relativieren, ohne sich schuldig zu fühlen.

Auf das Wünschen bezogen bedeutet dies: Wenn Sie sich einen freien Parkplatz wünschen, dann werden Sie auch einen finden. Eventuell müssen Sie dafür eine längere Suche in Kauf nehmen oder in einen weiter entfernten Vorort ausweichen. Das ändert nichts daran, dass sich Ihr Wunsch erfüllte und Sie letztendlich einen Parkplatz fanden.

Hier kommt Relativität ins Spiel: Was ist eine längere Suche – zwei- oder fünfmal um den Block zu fahren? Sind fünf, fünfzehn oder gar dreißig Minuten ein kurzer oder langer Fußweg? Spüren Sie: Es liegt nur bei Ihnen festzulegen, wann ein Parkplatz wohnsitznah oder weit entfernt ist. Und denken Sie auch einmal darüber nach, welche Vorteile ein entspannender Spaziergang hat: Ihr Geist wird frei und klar in der frischen Abendluft. Sehen Sie – so einfach kann es sein, den idealen Parkplatz zu finden!

Wissenschaftlich betrachtet handelt es sich allerdings wieder um einen *Bias*. Diesmal um den *Matching Bias,* der auch als *Systematische Verzerrung* bezeichnet wird. Die *Systematische Verzerrung* ist eines der effizientesten Werkzeuge beim erfolgreichen Wünschen. Der ehemalige deutsche Kanzler Gerhard Schröder wandte sie bei der letzten Bundestagswahl an, als er sich flugs mittels einer Veränderung des Maßstabes zum Wahlsieger erklärte. Und glauben Sie mir, der *Matching Bias* ist nicht suboptimal, wie Schröder später sagte; er ist vielmehr äußerst nützlich auf Ihrem Weg zum wunschlosen Glück.

Haben Sie es verstanden? Niemand anderes als Sie legt Ihre Maßstäbe und Bewertungen fest. Sie selbst sind es, der einmal mehr sein Schicksal in die Hand nimmt. Wenn Sie jetzt noch andere von Ihren Maßstäben überzeugen, haben Sie gewonnen.

Machen Sie es wie das tapfere Schneiderlein im gleichnamigen Märchen der Gebrüder Grimm: „Ein armer Schneider, der beim Essen von Pflaumenmus von Fliegen gestört wird, schlägt wütend mit seinem Gürtel auf die Tiere ein. Mit einem Schlag tötet er sieben Fliegen. Begeistert von seiner Tat näht er eine große Sieben auf den Gürtel und erzählt in allen Kneipen, dass er sieben auf einen Streich erledigte. Er wird jedoch missverstanden, und man hält ihn für einen Kriegshelden, der sieben Männer auf einen Schlag tötete."[19]

Der Rest des Märchens ist hier nicht weiter von Bedeutung. Wichtig ist nur, dass Sie begreifen, wie Sie vermeintlich allgemeingültige Maßstäbe an Ihre Fähigkeiten anpassen. Denn aus der menschlichen Neigung heraus, uns zu vergleichen, machen wir es oft anders: Wir nehmen die Maßstäbe Fremder und legen Sie an uns an. Das führt unweigerlich zu Enttäuschungen. Stellen Sie sich vor, Sie würden nur Schuhe tragen, die einige Nummern zu klein oder zu groß sind, denn die, die offenbar passen, mögen Sie nicht. Das sähe nicht nur komisch aus, sondern wäre ziemlich unbequem.

Hinter der Angewohnheit des Menschen, sich zu vergleichen, stehen sogenannte *Spiegelneurone* im Großhirn. Diese wurden von dem Neurowissenschaftler Giacomo Rizzolatti 1995 erstmals bei Affen entdeckt und ermöglichen, dass wir durch Imitation lernen. Sie bewirken aber auch, dass wir uns mit anderen vergleichen. Bewusst ausschalten können wir das nicht, denn dann könnte uns etwas Neues, das es genau in diesem Moment zu lernen gibt, entgehen. Um bei allem Vergleichen nicht depressiv zu werden und nicht umgehend aufzugeben, wenn ein anderer etwas besser kann, bleibt also nur das Hilfsmittel der Relativierung. Es gehört zum Menschsein, genau wie die *Spiegelneurone*.

Damit schließt die Einführung in erfolgreiches Wünschen auf dem Weg zum wunschlosen Glück. In den nächsten Abschnitten werde ich Sie mit Wissen für Fortgeschrittene vertraut machen.

Übungen für Fortgeschrittene:
Die Welt richtet sich nach Ihnen

Verfestigen Sie Ihr Modell der Welt,
und beginnen Sie, alles auf sich zu beziehen.
Sie sind der Verursacher aller Ereignisse.
In Ihrem Universum erfüllen sich all Ihre Wünsche.
Aber: Sie sind nicht nur der Schöpfer Ihres Universums,
sondern des ganzen Universums.
Entwickeln Sie Charisma und Größe.

Wieder einmal stehen Sie an der Kasse eines Supermarktes in einer langen Schlange. Sie schauen erwartungsvoll auf die unbesetzten Kassen, und plötzlich hören Sie die Durchsage: „Frau XY bitte an Kasse eins!"

Falls Sie noch an Zufälle glauben, können Sie das jetzt ändern: Die neue Kasse, die öffnet, wird nämlich nicht wegen der Schlange, sondern wegen Ihnen geöffnet. Sie wurde geöffnet, um Ihnen Wartezeit zu ersparen, Sie wurde geöffnet, weil genau Sie dies wünschten und weil Sie über die Macht verfügen, dass Ihre Wünsche erfüllt werden.

Nahezu jeder, dem Sie diese Geschichte erzählen, wird Sie für größenwahnsinnig halten, und oberflächlich betrachtet hat er Recht. Es geht auch nicht darum, dass Sie umgehend loslaufen und allen erzählen, wie machtvoll Sie sind. Niemand mag es, wenn Menschen zu sehr angeben.

Dennoch ist Ihre Interpretation eine unter Erfolgsmenschen weit verbreitete, und mit Sicherheit lässt sich mit leichtem

Größenwahn besser leben als mit schweren Minderwertigkeitskomplexen. In vielen Berufen, zum Beispiel als Vorstand eines international tätigen Konzerns, brauchen Sie sogar ein gesundes Selbstbewusstsein, um zu überleben. Ob Sie aber etwas als gerade noch gesundes Selbstbewusstsein oder als leichten Größenwahn bezeichnen, ist nur eine Frage des Maßstabs. Das sollten Sie mittlerweile wissen.

In den bisherigen Abschnitten haben Sie gelernt, die Sie betreffenden Ereignisse zu interpretieren oder – boshaft gesagt – zurechtzubiegen. In diesem Abschnitt agieren Sie nun das erste Mal mit Ihrer Umgebung. Es entsteht, was die Psychologie *Feedback* nennt, nämlich ein *Reiz-Reaktions-Muster* zwischen Ihnen und anderen. Der Auslöser sind Sie. Und Sie wissen: Wie man in den Wald hineinruft, so schallt es heraus.

Mit dem *Reiz-Reaktions-Muster* begegnen Sie aber nicht nur einzelnen Menschen, sondern es wirkt, auch ohne dass Sie es wollen, auf Ihre Umgebung: Es ist Ihre Ausstrahlung.

Sie werden jetzt einwenden, dass man nie und nimmer nur wegen Ihrer Ausstrahlung eine weitere Kasse öffnet, Sie seien schließlich nicht George Clooney. Da ist sie schon wieder, diese menschliche Angewohnheit, das eigene Schicksal aus der Hand zu geben und eher an Zufälle zu glauben als an sich selbst.

Aber nicht nur die Angst, überheblich zu wirken, und Scham halten Sie davon ab – es ist vor allem auch die Befürchtung, verantwortlich gemacht zu werden. Diese Sorge ist menschlich, aber vollkommen unbegründet, denn nur Sie allein bestimmen, wofür Sie Verantwortung übernehmen und wofür nicht. Es ist einzig und allein Ihre Entscheidung, zu wählen, was Sie auf sich beziehen.

Wenn Sie die vorangegangenen Lektionen hinreichend praktiziert haben, dann sollte es ohnehin nicht dazu kommen, dass

Sie von negativen Ereignissen überrascht werden. Sie sollten die Fähigkeit erlangt haben, sogenannte negative Erlebnisse umzudeuten oder auszublenden.

Beziehen Sie also ab jetzt alle Ereignisse, von denen Sie profitieren wollen, auf sich. Das kann ein Kontrolleur im Zug sein, der einen Schwarzfahrer erwischt und damit dafür sorgt, dass Sie einen Sitzplatz bekommen. Das kann eine rote Ampel sein, die gerade auf Grün schaltet, und das kann ein Auto sein, welches genau in dem Moment aus einer Parklücke herausfährt, in dem Sie um die Ecke biegen. Selbst wenn Sie mehrmals um diese Ecke biegen mussten, geben Sie auch dieser Handlung eine Bedeutung: Nur weil ich mindestens dreimal um diese Ecke bog, wurde dieser Parkplatz nahe meiner Wohnung frei.

Wenn Sie diese Technik lange genug praktizieren, werden Sie feststellen, wie machtvoll Ihre magischen Fähigkeiten sind und wie selbstbestimmt Ihr Leben wird. Nicht nur Ihr Selbstbewusstsein wird sich festigen, auch Ihre Körperhaltung wird sich ändern. Sie werden Macht und Erfolg ausstrahlen. Je mehr Erfolg Sie aber ausstrahlen, umso mehr Ihrer Wünsche werden sich erfüllen.

Hier beginnt das *Gesetz der Anziehung*[20] zu wirken: Durch Ihr Charisma, das Sie gewonnen haben, geschehen viele Dinge von selbst. Sie allerdings wissen, dass das keine Zufälle sind, sondern dass harte Arbeit an Ihrer Persönlichkeit und Ihrer Fähigkeit zu wünschen damit verbunden war. Öffnet also das nächste Mal genau dann, wenn Sie zur Kasse gehen und eine lange Schlange sehen, eine zweite Kasse, dann lächeln Sie wissend und lassen anderen den Vortritt. Es ist nicht mehr wichtig, dass Sie möglichst schnell bezahlen und den Supermarkt fluchtartig verlassen. Viel bedeutsamer ist, dass sich Ihre Fähigkeiten wieder einmal in der Realität bestätigten. Genießen Sie es, und lassen Sie sich Zeit.

Was Sie gerade anwenden, ist die *Attributionstheorie,* die Fritz Heider in seinem Buch *Psychologie der interpersonalen Beziehungen*[21] beschrieb. Sie erklärt eine der erstaunlichsten Eigenschaften des Menschen, nämlich die Überzeugung, dass wir alles erklären können. Dabei neigen wir bei unseren Deutungen zu einem einfachen Muster: Unsere eigenen Fehler, aber auch negative Ereignisse schreiben wir außerhalb von uns selbst liegenden Faktoren und Mächten zu. Wir übernehmen keine Verantwortung für sie. Anders ist das bei unseren Erfolgen: Diese erwachsen aus uns selbst heraus, aus unserer Kraft und unserem Willen. Es gibt allerdings auch Menschen, die dies genau umgekehrt machen. Das aber führt automatisch zu Minderwertigkeitskomplexen. Am besten, Sie fangen damit erst gar nicht an.

Wir bewerten uns widerfahrende Ereignisse also nicht mit dem gleichen Maßstab, und das ist gut. Es schützt uns davor, zu viel Verantwortung zu übernehmen. Stellen Sie sich die Last vor, die auf Ihnen ruhte, wenn Sie alles auf sich beziehen würden. Sie wären für die Welt verantwortlich: für Gerechtigkeit, für allgemeinen Wohlstand und das Wetter, aber auch für Flugzeugabstürze, Hungersnöte und andere Katastrophen. Bis zu einem gewissen Grad ist es daher gesund und in keiner Weise schändlich, nur die positiven Erlebnisse auf sich zu beziehen und alles andere einem mehr oder weniger persönlichen Gott oder dem Schicksal zu überlassen. Denken Sie immer daran, wenn Sie *kausal attribuieren,* das Ereignis vorher genau auszuwählen, denn sonst ächzen Sie früher oder später unter der Last der Welt. Es geht Ihnen dann so wie Atlas, einem Leidensgenossen Sisyphos', der als Strafe für seine Teilnahme am Kampf gegen die Götter von Zeus verdammt wurde, für alle Zeiten den Himmel auf seinen Schultern zu tragen. Das wollen Sie ja nicht.

Geheimnis der Wahrscheinlichkeiten

*Ein großes Geheimnis Ihrer Wunscherfüllung
liegt in der Stochastik.
Um Enttäuschung zu vermeiden,
sollten Sie Ihre Wünsche und die Bedingungen
für Ihre Erfüllung genau prüfen.
Wünschen Sie sich niemals etwas Unerfüllbares,
sonst müssen Sie wie ein Anfänger
Ihren Wunsch relativ zur Zeit anpassen.
Darüber sind Sie aber weit hinaus.*

Der Amerikaner Don Frick legte bereits zweimal in seinem Leben eine erstaunliche Resistenz gegen die Kraft der Naturgewalten an den Tag. Frick überlebte zweimal einen Blitzschlag. 1980 saß er auf einem Traktor, als der Blitz ins Führerhaus einschlug. Bei dem Einschlag wurde er verletzt und lag drei Wochen im Krankenhaus. 2007 besuchte Don Frick ein Fest, als ein Gewitter aufzog. Er suchte mit Freunden Schutz in einem Schuppen, ein Blitz schlug neben dem Gebäude in den Boden ein. „Es haute mich gegen die Wand", berichtete er. „Das Erste, was ich dachte, als mir klar wurde, dass ich noch lebe, war, dass ich ziemlich viel Glück habe." Auch keiner der vier anderen sei ernsthaft verletzt worden. Frick überstand den Blitzeinschlag mit einem verbrannten Reißverschluss und einem Loch in seiner Hose.[22]

Die Wahrscheinlichkeit, im Leben vom Blitz erschlagen zu werden, liegt bei 1:10 Millionen; dass es zweimal die gleiche Person trifft und diese überlebt, ist wesentlich unwahrscheinlicher als ein hoher Lottogewinn. Wahrscheinlichkeiten begegnen uns überall, zumeist wollen wir aber nur ihre Verkleidung sehen: den Zufall. Die Lehre von den Wahrscheinlichkeiten wird als *Stochastik* bezeichnet, und Sie sollten zumindest einmal von ihr gehört haben, wenn Sie mit dem Wünschen beginnen. Enttäuschungen sind sonst vorprogrammiert.

Am einfachsten ist dies bei einem Blick auf den kostenfreien Parkplatzwunsch zu verstehen: In Berlin wird sich dieser Wunsch, selbst unter ungünstigen Umständen, zumeist erfüllen. In München wird dies schwieriger, und in Zürich werden Sie scheitern. Die Ursache des Misserfolgs in Zürich liegt aber nicht bei Ihnen, sondern hat mit den durch das Polizeidepartement erlassenen Regeln zu tun. Es gibt in Zürich keine kostenfreien Parkplätze. Entweder Sie besitzen einen Parkplatz, sind Anwohner, bezahlen an einer Parkuhr oder fahren gleich in ein Parkhaus. Hier hilft alles Wünschen nichts.

Prüfen Sie also, bevor Sie etwas wünschen, die Möglichkeit der Erfüllung. Noch einmal: Es geht nicht darum, dass sich in Zürich Ihr Parkplatzwunsch nie erfüllt, es geht nur darum, dass seine Erfüllung höchst unwahrscheinlich ist.

Übertragen wir dieses Wissen auf einen der häufigsten Wünsche, nämlich Geld, können Sie auch hier die Wahrscheinlichkeitsrechnung anwenden: Dass Sie ein unerwarteter Geldsegen in Millionenhöhe überschwemmt, liegt in der Schweiz bei einer Wahrscheinlichkeit von etwa 6,7 Prozent und in Deutschland bei etwa 2,5 Prozent. Das Geld erhalten Sie dabei durch Erbschaft. Für einen Jackpot im Lotto liegt die Wahrscheinlichkeit bei etwa 0,00000072 Prozent. Die Möglichkeit, plötzlich reich durch Arbeit oder Ähnliches zu werden, dürfte etwa zwischen der Erbschaft und dem Lottogewinn liegen. Sie sollten also sehr genau darauf achten, was Sie sich wünschen. Hoffnungen allein reichen nämlich nicht für die Erfüllung Ihrer Wünsche, sondern es ist zusätzlich noch eine *signifikante Eintrittswahrscheinlichkeit* für das entsprechende Ereignis erforderlich. Dies bedeutet aber in keiner Weise, dass eher unwahrscheinliche Ereignisse nicht eintreten – sie finden statt. Beispielsweise gewinnt nahezu jede Woche ein Lottospieler eine größere Summe. Es bedeutet allerdings, dass die Möglichkeit, dass dieses gewünschte Ereignis innerhalb kurzer Zeit Sie trifft, sehr gering ist.

Wahrscheinlichkeiten betreffen aber nicht nur positive, sondern auch negative Ereignisse: Bevor Sie auch nur sechs Richtige ohne Zusatzzahl im Lotto haben (0,00000715 Prozent), sind Sie nämlich mit einer Wahrscheinlichkeit von 0,0004 Prozent an Ihrem Essen erstickt. Es ist also 56-mal wahrscheinlicher, dass Sie, statt sich an einem Lottogewinn zu erfreuen, während eines Galadiners oder an der Wurstbude sterben.

Wie befreien Sie sich nun aus der Falle der Wahrscheinlichkeiten?

Ganz einfach. Wenden Sie Imanuel Kants *Satz über die Mittelmäßigkeit* auf das große Geheimnis der Stochastik an: „Es ist niemals aus den Augen zu lassen, dass, in welcher Art es auch sei, man keine sehr hohen Ansprüche an die Glückseligkeit des Lebens und die Vollkommenheit der Menschen machen müsse; denn derjenige, welcher jederzeit nur etwas Mittelmäßiges erwartet, hat den Vorteil, dass der Erfolg selten seine Hoffnung widerlegt, dagegen bisweilen ihn auch wohl unvermutete Vollkommenheiten überraschen."[23] Was hinter diesem Satz von der Mittelmäßigkeit steckt, zeigt ein einfaches Beispiel: die Berechnung der mittleren Lebenserwartung, also das Alter, das Sie aller Wahrscheinlichkeit nach erreichen werden. Dass Sie als Kind sterben oder über hundert Jahre alt werden, ist zwar möglich, aber unwahrscheinlich. Dass Sie irgendwann im Alter zwischen fünfzig und siebzig Jahren sterben, ist in den entwickelten Ländern dagegen die Regel. Die Regel, das *Mittelmaß,* nennt man in der Statistik *Normalverteilung,* und auf dieser Basis kalkulieren Lebensversicherer ihre Prämien.

Stellen Sie sich das Bild einer Kirchenglocke vor: an den Rändern flach und in der Mitte ansteigend. So wird die statistische Normalverteilung grafisch dargestellt. Die Ereignisse an den Rändern sind eher unwahrscheinlich, die in der Mitte wesentlich wahrscheinlicher. Das *Gesetz der Normalverteilung* wurde von Carl Friedrich Gauß entdeckt. Die beschriebene Kurve wird daher auch *Gauß-Kurve* bzw. *Gauß-Glocke*[24] genannt. Nahezu alle natur-, wirtschafts- und ingenieurwissenschaftlichen Vorgänge lassen sich durch die Normalverteilung beschreiben. Streiten Sie daher beim Wünschen nicht mit der Normalverteilung, sondern überlassen Sie ihr die Macht.

Um zu wünschen, ohne enttäuscht zu werden, sollten Sie dafür sorgen, dass sich Ihre Sehnsüchte im Bereich der Mitte befinden, denn dann haben Sie gute Chancen auf eine schnelle Wunscherfüllung. Je weiter Sie Ihre Wünsche in den Randbereich, also zu extrem positiv bzw. negativ, verschieben, umso länger müssen Sie auf ihre Erfüllung warten. Mitunter kann es gar geschehen, dass Sie die Erfüllung Ihrer Wünsche nicht mehr erleben, da die Wahrscheinlichkeit der Wunscherfüllung außerhalb Ihrer Lebenserwartung liegt.

Und provozieren Sie beim Spiel mit den Wahrscheinlichkeiten nicht zu sehr. Es ist richtig: Die Wahrscheinlichkeit, von einem Blitz erschlagen zu werden, ist bei einem Gewitter weit höher als bei blauem Himmel und strahlendem Sonnenschein. Sie steigt aber, wenn Sie sich bei einem Gewitter auf einer freien Fläche befinden und einen Metallstab in die Höhe halten, signifikant an, und zwar unabhängig davon, ob Sie sich einen Blitz wünschen oder nicht. Und auch als Verdurstender in der Wüste ist es zwar verständlich, sich eine Flasche Wasser zu wünschen, *statistisch* aber höchst unwahrscheinlich, dass sich dieser Wunsch erfüllt.

Dennoch: Geben Sie nie auf. Die Wahrscheinlichkeit, dass ein Ereignis nur alle dreißig Millionen Jahre eintritt, sagt nichts darüber aus, wann dieses Ereignis eintrifft. Es könnte schon morgen sein.

Das Gesellenstück:
Wie Sie Realität erschaffen

*Wenn Sie ein Ereignis als die Folge Ihres Wunsches erkennen,
dann können alle nachfolgenden Ereignisse
nur weitere Folgen dieses Wunsches sein.
Definieren Sie Ihre Welt als real,
und überzeugen Sie andere.
Je mehr Menschen an Ihre Fähigkeiten als Magier glauben,
umso mehr werden Ihre Fähigkeiten wachsen.
Warten Sie nicht, bis etwas geschieht:
Kreieren Sie Ereignisse.*

„Um die Inflation einzudämmen, gab die japanische Regierung im Frühjahr 1973 während der Ölkrise bekannt, die Ölimporte strikt reglementieren zu wollen. Im Herbst wurde der Yen gegenüber dem Dollar immer billiger, und es kam das Gerücht auf, dass Rationierungen im Ölimport zu Produktionsengpässen bei der Herstellung von Toilettenpapier führen könnten. Das Gerücht hatte Folgen von ungeahnten Ausmaßen. Besorgte Hausfrauen stürmten die Supermärkte, um noch schnell das letzte vorhandene Toilettenpapier aufzukaufen. Leergeräumte Regale schienen daraufhin das Gerücht von der Toilettenpapierknappheit zu bestätigen, was zu weiteren Hamsterkäufen führte. Zwar drängte die Regierung die Produzenten, alle bislang gelagerten Vorräte auf den Markt zu werfen, trotzdem stieg der Preis für das knappe Gut sprunghaft an. Anfang November eskalierte die Situation in einem Supermarkt in Amagasaki. Dort wurde am 2. November 1973 eine 83-jährige Großmutter im Kampf um das begehrte Papier in einer Massenschlägerei von Hausfrauen niedergetrampelt, brach sich das rechte Bein und zog sich schwere Verletzungen zu. Das Ministry of International Trade and Industry sah sich daraufhin veranlasst, öffentlich zu versichern, dass die Versorgung der japanischen Bevölkerung mit Toilettenpapier gesichert sei, und bat die Bevölkerung, von weiteren Panikkäufen Abstand zu nehmen."[25]

Die als *Toilettenpapier-Panik von 1973* bezeichnete wahre Geschichte ist die Grundlage für das Gesellenstück am Ende Ihrer Lehrzeit.

Weil sich wahrscheinlich vielen von Ihnen der Zusammenhang zwischen der Toilettenpapier-Panik und Ihrem Gesellenstück nicht auf den ersten Blick erschließt, helfe ich Ihnen: Wenn Sie eine Vorhersage treffen und ein Ereignis erschaffen wollen, dann müssen Sie dafür sorgen, dass möglichst viele Menschen, allen voran aber Sie selbst, an die Folgen dieses Ereignisses glauben und sich entsprechend verhalten. Benehmen Sie sich also nicht nur so, als bestehe die Möglichkeit, dass dieses Ereignis eintritt, sondern so, als sei dieses Ereignis bereits eingetreten. Definieren Sie ab sofort so viel wie möglich als real, denn was Sie als real definieren, dessen Konsequenzen sind real.

Es ist wichtig, dass Sie zwischen dem Ereignis und seinen Konsequenzen unterscheiden. Ein Ereignis, zum Beispiel ein Lottogewinn, muss nicht eintreten. Trotzdem können Sie viel Geld ausgeben und eine Lokalrunde nach der anderen schmeißen. Wenn Sie dann noch erzählen, dass Sie im Lotto gewonnen haben, werden die anderen Menschen im Lokal Sie wie einen Lottogewinner behandeln: Anlageberater werden sich einschmeicheln, und Sie werden ab sofort VIP-Status genießen – jedenfalls solange Sie Ihre Rechnung bezahlen.

Sie sind mit dieser Methode nicht allein, denn alle *It-Girls* arbeiten mit dieser Technik. Als It-Girl wird eine junge Frau bezeichnet, die durch stetige Medienpräsenz auffällt. „It", das „gewisse Etwas", meint Sex-Appeal, Ausstrahlung und Auftreten.

So ein Mädchen ist die siebzehnjährige Cory Kennedy aus Kalifornien. Die *Süddeutsche Zeitung* schreibt über sie: „Sie tut alles und kann nichts – das aber öffentlich. Cory Kennedy lebt den Traum eines jeden Teenagers. Das Mädchen mit dem Bambiblick und den ungezähmten Haaren umgibt sich mit Hollywoods Hipstern: Lindsay Lohan ist eine gute Freundin, und wenn die gerade auf Drogenentzug ist, geht sie eben mit Jeremy Scott, Steve Aoki oder Mary-Kate Olsen aus. Die Szeneklubs bezahlten Cory bares Geld, wenn sie sich allein oder mit ihrer Clique dort blicken ließ. Dafür gibt es eigentlich keinen Grund: Cory Kennedy hat weder Talente noch genetische Prädispositionen, die extraordinär wären. Sie zeigt oft ihre Zunge, aber für ein Dasein auf Leinwand oder Catwalk reicht das nicht. Sie kann nicht singen, und auch ihr Name war kein Türöffner, sie ist nicht verwandt mit John F. Kennedy."[26]

Was die *Süddeutsche Zeitung* nicht wahrhaben will: Cory Kennedy ist äußerst clever, denn wenn auch unbewusst, arbeitet sie mit einem bedeutenden Grundpfeiler der Soziologie: dem *Thomas-Theorem*. Das Thomas-Theorem wurde von den amerikanischen Soziologen William Isaac und Dorothy Swaine Thomas aufgestellt und lautet: „Wenn Menschen Situationen als real definieren, so sind auch ihre Folgen real." Es sagt, wenn Sie von etwas überzeugt sind und sich entsprechend verhalten, dann wird das Ihre Umgebung beeinflussen, und diese verhält sich wiederum entsprechend.

Wenn Sie das Thomas-Theorem geschickt anwenden, erschaffen Sie Realität – und zwar eine Wirklichkeit, die weit über Ihr

Universum hinausreicht und viele Menschen einbezieht. Die anderen Menschen orientieren sich dabei zwar nicht an Ihren Wünschen, wohl aber an Ihren Handlungen.

Dazu noch ein Beispiel: „In einer gefälschten Annonce im amerikanischen Online-Anzeigenblatt *Craiglist* gab ein Hausbesitzer aus Oregon vermeintlich bekannt, seinen gesamten Besitz aufgrund eines Wegzuges verschenken zu wollen. Zufällig entdeckte er auf dem Heimweg zu seinem Haus Teile seines Hab und Guts auf ihm entgegenkommenden Autos verladen. Zu Hause angekommen, fanden sich immer noch etwa dreißig Personen vor Ort, die das Haus und die Scheune nach verwertbaren Gegenständen durchsuchten. Die Hinweise des Hausbesitzers, bei der Anzeige handele es sich um einen schlechten Scherz, konnten den Eifer der Anwesenden nicht stoppen."[27] Ihm wurde ein Ausdruck der Annonce gezeigt und sein Haus weiter ausgeräumt. Erst die Polizei konnte dem Treiben ein Ende setzen.[28]

Das Thomas-Theorem funktioniert also umso besser, je mehr Menschen Sie von Ihrer Erwartung oder mit Ihrem Handeln überzeugen. Wenn Sie Realität erschaffen wollen, muss also nicht nur Ihre Überzeugung stimmen, sondern Sie müssen sich so verhalten und auch andere so überzeugen, als sei Ihr Wunsch bereits eingetreten.

Der Mensch ist ein Herdentier und läuft, lange bevor er eine Annahme überprüft hat, los: Wenn viele Menschen in einem Ort dem Gerücht folgen, dass die Bank ihres Ortes pleite sei, und daraufhin alle zur Bank gehen, um ihr gespartes Geld abzuheben, dann wird die Bank pleitegehen, obwohl es sich nur um ein Gerücht handelt.

Warum soll beim Wünschen nicht funktionieren, was jeden Tag an der Börse gelingt?

Die einzige Schwierigkeit besteht darin, die Herde anzuschieben, denn Massen sind träge. Hier aber können Sie sich nahezu immer auf Dummheit und Gier verlassen.

Seien Sie kreativ, und beginnen Sie zu experimentieren.

Im folgenden Abschnitt werden Sie erfahren, wie Sie mit der Magie der Worte überzeugen, um den Herdentrieb auszulösen.

Gesellen- und Wanderjahre

Wer viel herumkommt, der hat etwas zu erzählen.

Sprache ist Magie mit Worten

Bisher haben Sie nur sich selbst überzeugt.
Lernen Sie, auch andere, Ihre Freunde und Bekannten,
zu überzeugen.
Nichts ist wichtiger als Kommunikation.
In der PR heißt es: Tue Gutes, und rede darüber.
Reden Sie über Ihre Erfolge.
Und reden Sie über die Folgen Ihrer Erfolge.
Und reden Sie darüber, wie die Folgen Ihrer Erfolge
neue Folgen erzeugen.
Verheimlichen Sie niemandem,
dass Sie ein äußerst erfolgreicher Magier sind.

Es gab eine Zeit, da wurden die Debatten des Bundestages im Fernsehen übertragen. Heute muss man selbst im Radio lange nach einem Sender suchen, um den magisch verwunschenen Worten der Politiker zu lauschen. Als Kind verstand ich keine Zusammenhänge und verfolgte doch die sich stetig steigernden Emotionen. Etwas Entscheidendes schien mir verborgen zu bleiben. Heute weiß ich, dass dies die Kunst der *Rhetorik* war: viel zu reden, ohne etwas zu sagen, und dabei dennoch den Gegner auf die Palme zu bringen und Wutausbrüche zu provozieren.

Rhetorik, die Kunst der Rede, ist nichts anderes als Magie mit Worten. Ein wenig dieser Redekunst sollten Sie beherrschen, um andere Menschen von Ihren Gedanken und Ihren Wünschen zu überzeugen.

Wenn aus Rhetorik Hetze wird, ein Aufhetzen der Massen, nennt man es *Demagogie*. Alle Staatsmänner spielen mit der Grenze zwischen beidem, und charismatische Führer und Diktatoren setzen Demagogie äußerst erfolgreich ein. Um Massen anzuschieben, um die Herde zu bewegen, sodass sie Ihnen folgt, brauchen Sie beides, Rhetorik und Demagogie. Das Handwerkszeug dafür erhalten Sie hier, in dem wahrscheinlich trickreichsten, aber auch trockensten Abschnitt dieses Buches.

Fangen Sie mit einer einfachen Aussage an: „Wenn es regnet, wird die Straße nass."

Wenn Sie den Satz jetzt erweitern, könnte er in etwa lauten: „Dass es regnet, ist eine ausreichende Bedingung dafür, dass die Straße nass wird."

Sie haben soeben etwas begründet und eine Erklärung für einen sehr einfachen Vorgang geliefert. Eine Erklärung solcher Art nennt man *Implikation*. Es ist eine der einfachsten Formen, Zusammenhänge herzustellen.

Auf das Wünschen bezogen würde Ihr erster Satz lauten: „Wenn ich etwas wünsche, erfüllt es sich."

Die Erklärung dazu lautet dann: „Dass ich etwas wünsche, ist eine ausreichende Bedingung dafür, dass etwas geschieht."

Voilà. Das war einfach. Jetzt wird es trickreicher, denn oftmals müssen Sie, um Menschen zu verführen, Dinge miteinander in Verbindung bringen, die nichts miteinander zu tun haben. Sie können dennoch alle Bedenken, ertappt zu werden, zur Seite schieben, denn der Verstand Ihrer Zuhörer ist in den meisten Fällen so bequem, dass er Ihnen ohne Nachdenken folgt.

Eine Aussage könnte sein: „Es gibt wieder mehr Störche."

Die zweite Aussage lautet: „Der Geburtenrückgang ist beendet."

Die logische Folge beider Ereignisse ist: „Der Storch bringt die Kinder."

Sie lächeln und denken, das nimmt Ihnen keiner ab. So platt sollen Sie es auch nicht machen. Seien Sie intelligenter, und bringen Sie nur Ereignisse miteinander in Verbindung, die nicht so einfach zu entlarven sind. Was Sie üben, nennt man den logischen Fehler *cum hoc ergo propter hoc*[29], und das bedeutet, dass zwei gemeinsam auftretende Ereignisse als Ursache und Wirkung erklärt werden. Das können Sie beim Wünschen immer gut gebrauchen, wenn Sie die Folgen komplizierter Wünsche erklären müssen.

Nehmen wir an, Sie befinden sich auf einem Ihnen unbekannten europäischen Großflughafen und wünschen sich eine möglichst schnelle Verbindung in die nächste Stadt. Nicht unbedingt zufälligerweise, sondern weil Sie es wissen, begeben Sie sich also in das Untergeschoss dieses Flughafens, denn bei den meisten Flughäfen fährt von hier ein Zug oder eine S-Bahn ins Stadtzentrum.

Der erste Satz lautet also: „Ich wünschte mir eine schnelle Verbindung in die nächste Stadt."

Der zweite Satz ist: „Im Untergeschoss des Flughafens befindet sich ein Bahnhof."

Das Ergebnis kann also nur lauten: „Weil ich mir eine schnelle Verbindung in die nächste Stadt *wünschte,* fuhr eine S-Bahn vom Untergeschoss des Flughafens in die nächste Stadt."[30]

Prima. Üben und konstruieren Sie so viele Beispiele wie möglich, denn jetzt steuern wir den Höhepunkt Ihrer Fortbildung in Kommunikation an.

Dafür sollten Sie wissen, dass das Gehirn schlecht ausgerüstet ist, um in Schlussfolgerungen zu denken – diese Fähigkeit bietet nämlich keinen evolutionären Vorteil; außerdem üben es die wenigsten Menschen. Diese Schwäche ist die Grundlage von *Sophismen,* also dafür, dass man andere mit Scheinargumenten täuschen kann.

Eine häufig benutzte Methode, einen *Sophismus* zu konstruieren, ist die Ausnutzung der Doppeldeutigkeit eines Begriffes. Solch ein Sophismus heißt *Äquivokation*.

Auch hier ein einfaches Beispiel: „Was selten ist, ist teuer. Rothaarige sind selten. Also sind Rothaarige teuer." Die Schlussfolgerung scheint unwiderlegbar, und darum geht es. Jetzt etwas komplizierter und mit Doppeldeutigkeit und Wortspielerei: „Wäsche kann man tragen. Waschmaschinen kann man ebenfalls tragen. Also gehören Waschmaschinen in die Wäsche." Dieser Satz ist vollkommen absurd, kann aber mit den Reden vieler Politiker mithalten: „Unser Ziel ist es, Regime, die den Terrorismus unterstützen, davon abzuhalten, Amerika oder unsere Freunde und Verbündeten mit Massenvernichtungswaffen zu bedrohen. Einige dieser Regime haben sich seit dem 11. September recht ruhig verhalten. Aber wir kennen ihre wahre Natur."[31]

Da graust es mich, also schnell zurück zum Wünschen. Und auch hier ein Beispiel: „Alle Wünsche erfüllen sich. Wünschen will gelernt sein. Wenn sich also Wünsche nicht erfüllen, hat man das Wünschen nicht richtig gelernt."

Sie erkennen: Über eine halbe Million Tote haben seit Beginn des Irakkriegs Schwierigkeiten mit dem Wünschen. Aber vielleicht hat es ihnen ja nur die Sprache verschlagen.

Von der Schwierigkeit des richtigen Wunschs

*Wenn sich Ihre Wünsche nicht erfüllen,
gibt es logische Erklärungen:
Es kann sein, dass Sie sich zwischen verschiedenen Wünschen
nicht entscheiden wollen.
Oder, dass Sie sich für das Wünschen schämen.*

Ein Esel steht zwischen zwei gleich großen und gleich weit entfernten Heuhaufen. Er verhungert, weil er sich nicht entscheiden kann, welchen er zuerst fressen soll. Das Gleichnis von *Buridans Esel* zeigt die Unmöglichkeit, sich zwischen zwei gleichwertigen Lösungen logisch zu entscheiden. Dieses Gleichnis wird irrtümlich Johannes Buridan zugeschrieben. Das Argument selbst stammt aus Aristoteles' *De caelo* („Über den Himmel"). Bei Aristoteles ist es ein Hund, der sich zwischen zwei Mahlzeiten entscheiden muss. Buridan erweiterte das Dilemma, indem er den Hunden die Möglichkeit gab, sich nicht sofort zu entscheiden. Sie verhungerten trotzdem.

Bevor Sie wünschen, ist es also wichtig zu wissen, was Sie wünschen und ob Sie überhaupt etwas wünschen.

Das klingt einfacher, als es ist, denn was ist ein konkreter Wunsch? Und kann es nicht sein, dass manchmal zwei sich eventuell sogar widersprechende Wünsche in Ihrer Brust schlummern?

Vielleicht schämen Sie sich gar für das Wünschen: Sie denken, wenn Sie wünschen, sei dies in Anbetracht Ihrer aktuellen Situation undankbar von Ihnen. Ein Teil in Ihnen hat dann einen Wunsch, und ein anderer Teil wünscht sich, diesen nicht auszusprechen. Undankbarkeit ist nämlich in Ihren Augen verwerflich.

Sie hängen in einem Dilemma, einer Zwickmühle. Das ist eine Situation, in der zwei Wahlmöglichkeiten gegeben sind, die beide zu einem unerwünschten Resultat führen. Ein Dilemma wird durch seine Ausweglosigkeit als paradox empfunden und scheint unlösbar.

Philosophie und Psychologie sprechen, auf unsere Bedüfnisse bezogen, von sogenannten *höherstufigen Wünschen* bzw. von *Wünschen erster und zweiter Ordnung*[32]. Ein klassisches Beispiel für den Konflikt zwischen Wünschen erster und zweiter Ordnung, also einfachen und höherstufigen, findet man bei Drogenabhängigen: Ein Drogenabhängiger mag zum einen immer wieder den Wunsch verspüren, eine Droge zu nehmen, gleichzeitig hat er jedoch den Wunsch, seinen Drogenkonsum zu beenden.

Das Problem mit den Wünschen erster und zweiter Ordnung ist, dass viele höherstufige Wünsche *unbewusst* sind. Die Idee der höherstufigen Wünsche wurde von dem Philosophen Harry Frankfurt eingeführt, um die Idee der Willensfreiheit zu erklären. Nach Frankfurt ist eine Person genau dann frei, wenn ihre Wünsche erster Ordnung und die Wünsche höherer Ordnung übereinstimmen.

Der Drogenabhängige wäre also frei, wenn es ihm gelänge, seine Wünsche in Übereinstimmung zu bringen. Das bedeutet, dass er sich entweder wünscht, Drogen zu besitzen, mit der Sucht abzuschließen oder dass er einen Weg findet, der ihm erlaubt, Drogen ohne süchtig zu werden zu konsumieren.

In vielen Fällen ist es möglich, Wünsche in Deckung zu bringen, in anderen Situationen scheint es unmöglich. Es ist höchst unwahrscheinlich, dass niemals Konflikte zwischen Wünschen auftreten, aber ebenso unwahrscheinlich ist es, dass alle Wünsche eines Menschen miteinander in Konflikt sind.

Vertiefen wir das Thema und nehmen an, Sie wünschten sich viel Geld. Nun haben Sie aber Vorbehalte gegen reiche Menschen. Sie halten sie für arrogant und oberflächlich. Zusätzlich haben Sie in Ihrem Elternhaus gelernt, dass Geld nicht glücklich macht. Unter keinen Umständen wollen Sie arrogant, oberflächlich und unglücklich sein. Ihr Wunsch nach Geld wird also von einem höherstufigen Wunsch überlagert, nämlich dem Wunsch, niemals arrogant, oberflächlich und unglücklich zu sein.

Für eine Erklärung gegenüber Ihren Freunden, warum sich Ihr Wunsch nach Reichtum nicht erfüllte, sollte das ausreichen. Sie haben eine Begründung, warum Sie noch kein Millionär sind, obwohl Sie es sich wünschen. Für Sie selbst ist dies allerdings wenig hilfreich, denn ein Teil in Ihnen will ja reich sein. Was also können Sie tun, um beide Wünsche in Einklang zu bringen?

Am einfachsten wäre es, sich von Ihrem Wunsch nach Reichtum zu trennen. Das erscheint Ihnen aber höchst unbefriedigend.

Eine andere Möglichkeit besteht darin, zuzulassen, dass Sie arrogant, oberflächlich und unglücklich sind. Das gefällt Ihnen auch nicht.

Damit sind Sie wieder am Anfang angelangt, nämlich bei Buridans Esel. Sie wollen sich nicht zwischen den Heuhaufen entscheiden.

Die Superschlauen unter Ihnen werden vorschlagen, es bestünde auch die Möglichkeit, das eigene Glaubenssystem zu verändern und damit die Wünsche deckungsgleich zu machen, beispielsweise indem Sie Ihre Vorstellung über reiche Menschen ändern.

Das ist einfacher gesagt als getan: An der Veränderung von tief sitzenden Glaubenssätzen, wie „Ich bin nicht einmal einen Cent wert", beißt sich die Psychoanalyse seit über hundert Jahren die Zähne aus. Wenn Sie wollen, probieren Sie es trotzdem. Seien Sie aber gewarnt: In der Psychotherapie gibt es weit weniger Gewissheiten und Sicherheiten als beim Wünschen. Sie könnten auf Dinge stoßen, die Sie überhaupt nicht wissen wollen und die sich nur kontraproduktiv auf Ihre mühsam errungenen Fähigkeiten auswirken.

Viele Psychotherapeuten können Sie mit simplen Fragen, beispielsweise der Frage nach Ihrem letzten Wunsch, ziemlich aus der Bahn werfen. Vergessen Sie nie, dass diese Menschen in den Künsten menschlichen Denkens geschult sind.

Bevor Sie also versuchen, Ihre höherstufigen Wünsche zu modellieren, finden Sie sich damit ab, dass es Widersprüche in Ihnen gibt, die mancher Wunscherfüllung im Wege stehen.

Außerdem haben Sie für alle unerfüllten Wünsche eine gute Erklärung.

Der Königsweg wäre natürlich, umgehend das ganze Wünschen aufzugeben, denn damit wären Sie mit einem Schlag frei von Begehren, also auch frei von allen Widersprüchen, die den Begierden entspringen. Sie hätten vollkommene Freiheit im Sinne des Philosophen Harry Frankfurt erlangt: Wenn es nämlich kein Begehren mehr gibt, dann gibt es auch keine Widersprüche zwischen Wünschen erster und zweiter Ordnung. Sie sind frei, authentisch und ohne Furcht vor Zwickmühlen. Da Sie aber noch nicht an diesem Punkt angelangt sind, lesen Sie weiter, und lernen Sie, wie sich trotz aller gefühlten Widersprüche Ihre Wünsche dennoch erfüllen.

Alles was nicht hier passiert, geschieht woanders

Alles, was geschehen kann, wird geschehen.
Und wenn es nicht hier und augenblicklich geschieht,
dann geschieht es später und irgendwo anders.
Das ist Statistik.
Die Physik geht noch weiter und sagt:
Was nicht in diesem Moment hier passiert,
passiert augenblicklich woanders –
in einem anderen Universum.

In Ihrer Hand halten Sie einen Würfel. Die Hand ist entspannt, und der Würfel liegt ruhig auf Ihrer Handfläche. Der Würfel ist materiell da, Sie fühlen ihn und können mit ihm spielen. Der Wurf ist allerdings noch nicht erfolgt. Sie haben noch nicht gewürfelt. Diesen Zustand, den noch nicht erfolgten Wurf, nennt man *Superposition:* Sollten Sie den Würfel auf die Tischplatte rollen lassen, ist es möglich, dass jede Zahl fällt. Eine *Superposition* oder wissenschaftlich *Dekohärenz* beschreibt den unbestimmten Zustand vor einem Ereignis.

Wenn Sie würfeln, bleibt die Dekohärenz noch eine Weile bestehen, so lange, bis der Würfel ausrollt und Sie sehen, dass Sie zum Beispiel eine Sechs würfelten. Die Möglichkeit, dass sich dieser Wurf noch verändert, ist nun vertan. Sie haben, wie die Physik sagt, den unbestimmten Zustand des Würfels vor dem Wurf zu einem bestimmten und beobachtbaren Ereignis gemacht.

Für den gesunden Menschenverstand und um beim Würfeln zu gewinnen, reicht das. Die theoretische Physik hat damit allerdings ein erhebliches Problem: Wohin sind die Möglichkeiten, eine andere Zahl als die Sechs zu würfeln, verschwunden? Haben sie sich aufgelöst?

Weil es für Physiker und in der Mathematik schwierig zu akzeptieren ist, dass etwas einfach so verschwindet, haben Wissenschaftler eine geniale Theorie ersonnen: die *Viele-Welten-Interpretation*.[33]

Es ist eine Erklärung der Quantenmechanik, die auf der *Relative-State-Formulierung* von Hugh Everett beruht. Die meisten Physiker sind sich einig, dass die Viele-Welten-Interpretation heute die einzig logische Folge der Quantentheorie ist. Trotzdem mögen sie sie nicht, und Sie werden gleich verstehen, warum. Die Viele-Welten-Interpretation geht nämlich davon aus, dass ein Würfelnder sich nach dem Wurf in mehrere Kopien seiner selbst aufspaltet und dadurch jeden möglichen Wurf sieht. Er merkt nur deshalb nichts davon, weil jede Kopie nach der Beobachtung des Wurfs in einem eigenen, parallel existierenden Universum weiterlebt. Da für jedes denkbare Ergebnis Kopien des jeweiligen Beobachters entstehen, existieren Everetts Theorie zufolge eine fast unendliche Zahl paralleler Universen nebeneinander.

Umstritten ist im Rahmen dieser Theorie unter Wissenschaftlern eigentlich nur die Frage, ob wir andere Universen besuchen könnten. Der britische Physiker David Deutsch bejaht dies und gelangt zu dem überraschenden Schluss, dass Zeitreisen in Everetts Viele-Welten-Theorie ohne Widersprüche möglich wären. Eines der wichtigsten Argumente gegen Ausflüge in die Vergangenheit ist nämlich, dass der Zeitreisende in der Vergangenheit seine eigene Geburt verhindern und somit ein Paradoxon erzeugen könnte. Dieses Argument gibt es aber in einem *Multiversum* nicht: Ein Zeitreisender könnte sich in die Vergangenheit jedes parallelen Universums begeben und dort die Geburt seines Doppelgängers verhindern, ohne dass ein logischer Fehler auftritt.

Wie Sie sehen, liefert ausgerechnet die Wissenschaft – genau genommen die Quantenphysik – die schlüssigste, aber auch „abgedrehteste" Erklärung, warum sich nicht alle Ihre Wünsche augenblicklich hier und jetzt erfüllen.

Versuchen Sie dennoch niemals, mit diesem Argument einen Ingenieur zu überzeugen. Ingenieure sind praktisch veranlagt und wenig mit theoretischer Physik vertraut. Begründungen aus der Quantenphysik funktionieren dafür meist hervorragend bei Menschen, die über Halbwissen aus ihrer Schulzeit verfügen oder zum Beispiel mit dem Film „What the Bleep do we know"[34] (2004, deutscher Titel: „What the Bleep do we (k)now!? – Ich weiß, dass ich nichts weiß!") vertraut sind.

„What the Bleep do we know" ist ein spannender und wissenschaftlich gut recherchierter Film über Realitäten. Wie funktioniert Realität, wer erschafft sie? Was sind Gedanken? Wo kommen sie her? Haben wir Einfluss auf das, was uns passiert, oder sind wir Opfer der Umstände? Wissenschaftler bieten dem Zuschauer verblüffende Erklärungen. Dabei greifen sie auf die neuesten Erkenntnisse aus der Quantenphysik und Gehirnforschung zurück. Was der Film allerdings verschweigt, ist die Diskussion darüber, wie weit Annahmen aus der Quantenwelt auf makroskopische Objekte wie Menschen übertragbar sind. Diese Auseinandersetzung aber wird bereits seit vielen Jahrzehnten ohne Ergebnis auf Nobelpreisträgerniveau geführt.

All das mag abgehoben und mystisch klingen, ist aber harte Physik. Und auch wenn Ihnen diese Erklärung für unerfüllte Wünsche als die absurdeste von allen erscheint, ist sie doch eine der wenigen schlüssigen. Wissenschaftlich ist die Viele-Welten-

Interpretation jedenfalls gut abgesichert und die stichhaltigste Theorie dafür, dass etwas, was nicht in diesem Moment hier passiert, augenblicklich woanders geschieht.

Angenommen, Sie sind in Universum Nummer eins und wünschen sich einen Lottogewinn mit sechs Richtigen und Superzahl. Die Ziehungsmaschine gibt Samstagabend die Kugeln frei, und in dem Moment, in dem die Ziehung beendet ist, hat sich Ihr Universum in exakt 139.838.160 Kopien aufgespalten. Warum genau 139.838.160? Ganz einfach, weil die Wahrscheinlichkeit für sechs Richtige und Superzahl bei 1 zu 139.838.160 liegt und jede Möglichkeit in einem parallelen Universum eintrat.

Ihre Schwierigkeit ist allerdings, dass Sie in Universum Nummer eins festsitzen, während Sie vielleicht in Universum Nummer 11.721.948 bereits Lottomillionär sind. Und noch schlimmer: Sie wissen es nicht einmal! Dennoch ist Everetts Viele-Welten-Theorie eine Argumentation, auf die immer wieder gern zurückgegriffen wird, wenn es mit dem Wünschen hapert.

Das Schönste dabei ist jedoch: Wenn Sie mehrere Semester Mathematik und theoretische Physik studieren, können Sie dies Ihren Mitmenschen sogar hieb- und stichfest begründen, zumindest auf dem Papier.

Leser, die nicht so kühn und gebildet sind, um mit den neuesten Erkenntnissen der Wissenschaft zu punkten, blättern weiter, denn es gibt auch andere, besser handhabbare Einsichten, um vom Wünschen zum wunschlosen Glück zu gelangen.

Die Gefahr:
Alles, was schiefgehen kann, wird schiefgehen

Können Sie ausschließen,
irgendeinem Wesen in dieser Welt,
egal unter welchen Umständen,
etwas Böses zu wünschen?
Verfügen Sie nicht nur über Gelassenheit,
sondern über göttliche Selbstkontrolle
und himmlischen Überblick?
Bedenken Sie das Risiko,
das in Ihren Gedanken schlummert!
Mit Sicherheit beabsichtigen Sie nichts Negatives,
und dennoch könnten Sie eine Katastrophe auslösen.

Es war einmal ein Mann, der ging zu einem Meister, um meditieren zu lernen. „Der Meister wies ihn ein und erklärte ihm, er solle während der Meditation auf keinen Fall an Affen denken.

‚Warum um alles in der Welt sollte ich an einen Affen denken?', fragte der Mann. ‚Ich habe in meinem ganzen Leben an keinen Affen gedacht. Was soll ich mit einem Affen? Ich will meditieren und nicht an Affen denken.'

Nach der Einweihung ging der Mann nach Hause, setzte sich zur Meditation und dachte über die letzte Anweisung seines Meisters nach. ‚Denke nicht an Affen!' Sofort erschien ein Affe in seinen Gedanken. Der Mann war verärgert. ‚Wo kommt denn dieser Affe her?', fragte er sich. Er öffnete seine Augen und dachte wieder an das, was sein Meister ihm gesagt hatte: ‚Denke nicht an Affen.' Und wieder stand der Affe vor ihm. Der Mann machte drei, vier und mehr Versuche zu meditieren, und jedes Mal sah er sich mit vielen Affen konfrontiert. Schließlich eilte er zu seinem Meister. ‚Was soll ich machen? Bevor ich zu dir kam, hatte ich nicht das geringste Interesse an Affen, doch nun sehe ich nur noch Affen, wenn ich meditieren will.'"[35]

So ist das mit den Gedanken: Sie nehmen sich vor, unter keinen Umständen an etwas zu denken, und schon geht es Ihnen nicht mehr aus dem Kopf. Bestimmt kennen Sie das, wenn Sie Lampenfieber, Flugangst oder Ähnliches haben: Unter keinen Umständen wollen Sie daran denken, dass Flugzeuge abstürzen können. Dann hören Sie ein unbekanntes Geräusch, und in Ihrem Kopf startet das gesamte Katastrophenprogramm.

Mit dem Wünschen ist es ähnlich: Mit Sicherheit haben Sie nur die besten Wünsche für sich und die Welt, und dennoch – je mehr Sie sich verbieten, negativ zu denken, umso mehr werden Sie von negativen Gedanken heimgesucht.

Dr. Joseph Murphy schrieb in seinem Buch *Die Macht Ihres Unterbewusstseins:* „Was man seinem Unterbewusstsein als wahr übermittelt, wird wahr."

In diesem Satz steckt mehr Sprengstoff, als Sie glauben.

Es gibt nämlich noch einen anderen Murphy, den US-amerikanischen Ingenieur Edward A. Murphy. Dieser entwickelte Aussagen über menschliches Versagen bzw. über die Fehlerquellen in komplexen Systemen. Sie sind bekannt als *Murphy's Law* („Murphys Gesetz"). Sein bekanntester Lehrsatz ist: „Alles, was schiefgehen kann, wird schiefgehen."

Das ist eine heikle Sache beim positiven Denken und Wünschen. Es geht hier nicht um die bewusst boshaften Wünsche, also um Voodoo oder einen Fluch, sondern um die Nebenwirkungen, die Wünsche haben können. Denn woher wissen Sie, dass Ihr positiv gemeinter Wunsch keinerlei negative Folgen hat? Die Welt ist so komplex, dass es auch bei bester Absicht kaum möglich ist, alle Auswirkungen zu überblicken. Und das betrifft nicht nur die Politik oder das Wetter. Die Folge Ihres Wunsches nach Geld könnte zum Beispiel einen Todesfall nach sich ziehen. Geliebte Menschen, die Sie beerben, müssen nämlich vorher sterben.

Hier steckt der Teufel im Detail.

Oder denken Sie an den Lottogewinn: Es muss kein großer sein, sondern nur fünf Richtige, mit oder ohne Zusatzzahl. Vielleicht hätte dieser Gewinn eine sechsköpfige Familie vor der Zwangsräumung ihres Hauses und dem Abstieg in die Armut bewahrt. Jetzt aber freuen Sie sich an dem Geld, obwohl Sie es nicht wirklich brauchen.

Und die großen Katastrophen wurden noch gar nicht erwähnt: Stellen Sie sich vor, Sie ärgern sich in Ihrem Urlaub über die starke Bebauung am Strand durch Hotels und über vermögende Privatleute, die einzelne Strandabschnitte sperren. Sie wünschen sich freien Zugang zu Ihrem Lieblingsstrand. Zwei Wochen später, Sie sind längst wieder zu Hause, hören Sie in den Nachrichten von einem verheerenden Tsunami.

Wie geht es Ihnen jetzt mit Ihrem Wunsch? Alles hat sich erfüllt, und Sie werden mit Sicherheit in den nächsten Jahren einen unbehinderten Zugang zum Meer haben. Aber können Sie den noch genießen, oder fühlen Sie sich schuldig für den Tod und das Leiden unzähliger unschuldiger Menschen?

Murphy's Law besagt: „Wenn es mehrere Möglichkeiten gibt, eine Aufgabe zu erledigen, und eine davon in einer Katastrophe endet oder sonstwie unerwünschte Konsequenzen nach sich zieht, dann wird es jemand genau so machen." Und weiter: „Wenn etwas auf verschiedene Arten schiefgehen kann, dann geht es immer auf die Art schief, die am meisten Schaden anrichtet. Früher oder später wird die schlimmstmögliche Verkettung von Umständen eintreten."[36]

Das ist harter Tobak, wo Sie doch eigentlich nur einen Strandspaziergang mit Ihrer Familie machen wollten.

Und jetzt?

Das Wünschen aufgeben? Nicht mehr daran glauben? – Nein, Sie haben keine andere Chance, als jeden negativen Gedanken zu vermeiden. Denn warum sich Ihre Wünsche, wenn auch nur manchmal, erfüllen, wissen Sie nicht.

Natürlich können Sie sich jetzt mit den anderen Universen und der Viele-Welten-Theorie herausreden. Aber mindert das die Schuldgefühle, die an Ihrem Gewissen nagen? Es ist doch unerheblich, in welchem Universum Menschen sterben: Tot ist tot.

Und bis jetzt wurde nur von bewussten Wünschen gesprochen. Es gibt aber noch ein Unterbewusstsein, die dunklen Ecken in Ihrem Kopf. Und natürlich haben Sie keine Ahnung davon, was in Ihrem Unterbewusstsein so alles vor sich geht und wem Sie klammheimlich die Pest an den Hals wünschen.

Achten Sie also nicht nur genauestens auf das, was Sie denken, sondern auch auf alles, was in der Tiefe Ihres Geistes brodelt. Erinnern Sie sich: Unwissenheit schützt vor Strafe nicht.

Und selbst wenn Sie augenblicklich beschließen, dass Wünschen ein Aberglaube ist, der nie und nimmer funktioniert: Lesen Sie weiter, und lassen Sie sich eines Besseren belehren.

Selbstmord durch Denken

Wer handelt, kann ein Unglück verursachen.
Wer nicht handelt, stirbt dennoch,
denn das Leben ist lebensgefährlich
und führt mit Sicherheit zum Tod.
Bedenken Sie immer:
Das Böse braucht keine Rechtfertigung,
denn es rechtfertigt sich aus sich selbst.
Gedanken schaffen Realität,
und sei es nur für Sie selbst.

Im *British Medical Journal* berichten im Dezember 2001 amerikanische Forscher um David P. Phillips von der University of California, dass Amerikaner chinesischer und japanischer Abstammung besonders häufig am vierten Tag eines Monats einem Herztod erliegen. Bei Amerikanern anderer Herkunft zeigt sich dieser Effekt nicht, das heißt, es ist bei ihnen keine derart signifikante Häufung an einem bestimmten Tag des Monats festzustellen. Dieser erstaunliche Befund gründete sich auf umfangreiche Sterbedaten der vergangenen 25 Jahre.

Warum ausgerechnet der vierte?

Die Vier gilt, ähnlich der Dreizehn in unserem Kulturkreis, in China und Japan als Unglückszahl. Auf Mandarin, Kantonesisch und Japanisch werden die Worte „Tod" und „vier" nahezu identisch ausgesprochen. Einige asiatische Kliniken haben aus diesem Grunde keinen vierten Stock und keinen Raum Nummer vier. Manche Japaner vermeiden es, am Vierten eines Monats zu reisen, und die wenigsten Chinesen würden eine Immobilie in der vierten Etage erwerben

Die Angst ist so groß, dass offenbar Menschen, die an den unglückbringenden Effekt der Zahl Vier glauben, an diesen Tagen in starken psychischen Stress versetzt werden. Eine derartige emotionale Anstrengung ist neben vielem anderem eine typische infarktauslösende Situation. Dieser als *Baskerville-Syndrom* bezeichnete Effekt verdeutlicht die dramatische Kraft der Gedanken.[37]

Bedeutsam ist, wie subtil der Stress, Negatives zu vermeiden, auf den Körper wirkt und letzten Endes zum Tod führt.

Im letzten Abschnitt wurde beschrieben, dass es nahezu unmöglich ist, negative Gedanken zu vermeiden. Wenn wir versuchen, sie auszusperren, schleichen sie durch die Hintertür wieder herein. Die Schwierigkeit beim Wünschen liegt auf der Hand: Je mehr wir von der positiven Seite eines Wunsches überzeugt sind, umso mehr fürchten wir uns vor der negativen. Zum Beispiel wünschen wir uns Gesundheit und ein langes Leben – damit aber fürchten wir Krankheit und Tod.

Was wir unter allen Umständen vermeiden wollen, beeinflusst aber unsere Erwartungshaltung.

An einer über drei Jahre dauernden Studie der Universität Essex nahmen 44 Personen teil, die über gesundheitliche Beschwerden durch die Nähe von Mobilfunkanlagen klagten, sowie 114 Personen, die noch nie negative Auswirkungen durch Mobilfunk an sich bemerkt hatten. In einem Labor wurden diese Probanden in verschiedenen Experimenten elektromagnetischen Strahlen mit Frequenzen von Mobilfunkantennen ausgesetzt. In der Doppelblindstudie wurde den Versuchsteilnehmern gesagt, dass eine Antenne mit der entsprechenden Strahlung für fünfzig Minuten in Betrieb sei. Die Probanden, die sich für strahlungssensibel hielten, klagten anschließend über Übelkeit,

Kopfschmerzen oder grippeähnliche Symptome. Ebenso konnten die Ärzte bei den Betroffenen Änderungen der Herzfrequenz und der Hautfeuchtigkeit messen. Diese subjektiv empfundenen Beschwerden und messbaren Symptome zeigten sich allerdings ganz unabhängig davon, ob die Antenne tatsächlich in Betrieb war oder nicht. Zwölf Personen mussten gar wegen massiver gesundheitlicher Beschwerden den Test vorzeitig abbrechen.[38]

In der Wissenschaft wird dieses Phänomen *Nocebo-Effekt* oder *negativer Placebo-Effekt* genannt.

In den meisten Fällen müssen nicht einmal Antennen aus- und eingeschaltet werden. Oft reicht allein eine Befürchtung, um persönliches Empfinden auszulösen. Menschen erkranken dann tatsächlich, beziehungsweise es können die entsprechenden Krankheitssymptome bei ihnen beobachtet und auch gemessen werden. Oder Sie sterben, so wie beim Baskerville-Syndrom.

Es genügt also, etwas vermeiden zu wollen, und schon könnte es eintreten. Leider sind aber unsere Wünsche oft nichts anderes als Vermeidungswünsche, auch wenn wir sie als Hoffnung tarnen. Hier grüßt Epikur vom Anfang des Buches, der Lust und Glück als ein Freisein – also Vermeidung – von Unlust und Unglück beschreibt.

Was aber ist Glück, und warum sind wir nicht einfach glücklich ohne Ängste, aber auch ohne Wünschen?

Das Wort *Glück* kommt vom mittelniederdeutschen *gelucke* bzw. dem mittelhochdeutschen *gelücke*. Es bedeutete „Art, wie etwas endet", „Art, wie etwas gut ausgeht". Glück war demnach der günstige Ausgang eines Ereignisses. Da stellt sich dann die Frage: Ist nicht nahezu jeder Ausgang eines Ereignisses, der nicht in einer Katastrophe endet, Glück? – Zumindest dann, wenn wir den Maßstab von Edward A. Murphy anlegen, „was schlimmer kommen kann, kommt schlimmer".

Klar ist: Wünschen oder erfolgreiche Wunscherfüllung erzeugen kein dauerhaftes Glück, sondern schwerwiegende Probleme im Bereich globaler Verantwortung. Denn erstens sind die Nebenwirkungen des Wünschens unkalkulierbar. Und zweitens ist der Mensch evolutionär nicht für fortdauerndes – also permanentes – Glück geschaffen.

Glücksforscher nennen dies *Wohlstandsparadox:* Unsere Gene sind darauf programmiert, dass wahres Glücks- und Unglücksempfinden nur von kurzer Dauer ist und wir dann wieder zu einem Mittelwert zurückkehren. Wenn unsere Vorfahren nach jeder missglückten Jagd so deprimiert und nach jeder erfolgreichen Jagd so euphorisch geworden wären, dass sie tagelang ihre Hände in den Schoß gelegt hätten, dann wären sie eine ziemlich leichte Beute für wilde Tiere gewesen oder am Ende selbst verhungert.

Was täte Sisyphos eigentlich ohne das Wohlstandsparadox? Wahrscheinlich säße er, falls er nicht schon an Gram gestorben wäre, in tiefer Depression versunken neben seinem Stein und würde die einmalige Chance verpassen, es diesmal bis auf den Berg zu schaffen. Er würde damit aber nicht nur seine Aufgabe vernachlässigen, sondern sich selbst aufgeben. Er würde ein Sozialfall.

Die Meister wunschlosen Glücks wissen dies: Lesen Sie also weiter, wenn Sie erfahren wollen, wie Sie aus der Wunschfalle hinausgelangen.

Meisterschaft

Wie Sie wunschlos glücklich werden.

Die Wunschfalle schnappt zu

Spüren Sie den Druck, der auf Ihnen lastet?
Spüren Sie die Verantwortung, die an Ihnen nagt?
Sie sitzen in der Wunschfalle.
Alle Ihre Wünsche könnten sich erfüllen,
auch Ihre unbewussten und negativen.
Wann haben Sie sich das letzte Mal entspannt?

„Seit Generationen bedienen sich die Affenfänger Südindiens eines einfachen, aber narrensicheren Tricks, um ihre Beute zu erwischen. Die Affenfänger nehmen eine ausgehöhlte Kokosnuss, bohren ein Loch in die Mitte und versehen es mit einem scharfen Rand. Dann legen sie eine sperrige Süßigkeit in die Nuss, befestigen die Kokosnuss auf der Erde und warten, dass ein Affe vorbeikommt.

Über kurz oder lang taucht ein Opfer auf. Der Affe greift in die Kokosnuss und packt die Süßigkeit. Doch sobald er versucht, seine Hand mit der Süßigkeit herauszuziehen, muss er feststellen, dass das Loch nicht groß genug für die geschlossene Hand ist und der scharfe Rand tief einschneidet. Der Affe ist gefangen.

Natürlich müsste der Affe nur die Süßigkeit loslassen, um sich zu befreien. Aber er weigert sich, das aufzugeben, wonach es ihn gelüstet. Statt davonzulaufen, sitzt er stundenlang da, kocht vor Wut und hämmert auf die Nuss.

Er versucht alles, nur eines nicht: loslassen. Bis schließlich die Jäger kommen und ihn häuten."[39]

In der Psychologie nennt man dieses Phänomen *Wertstarrheit*. Es trifft uns immer dann, wenn wir nicht in der Lage sind, eine

Bewertung vorzunehmen, sondern von einem Gedanken wie besessen sind. Die Wertstarrheit, unsere Verbohrtheit, vernebelt das Denken.

Ähnlich ergeht es Ihnen, wenn Sie sich zwischen der Hoffnung auf die Erfüllung Ihrer Wünsche und den Gefahren positiven Denkens entscheiden sollen. Die Sehnsucht, dass Wunder geschehen, überwiegt, und Sie verharren in der Falle. Selbst noch bzw. gerade dann, wenn Ihre Gedanken beginnen, Stress zu erzeugen oder Sie schon krank machen. Ein Schicksal, etwas außerhalb Ihres Einflusses Liegendes, dem Sie sich an die Brust werfen und hingeben, wollen Sie unter keinen Umständen anerkennen. Dann nämlich würden Sie die Kontrolle, die Sie zu haben glauben, aufgeben. Sie meinen, dann nicht mehr Ihres Glückes Schmied zu sein, sondern von fremden Mächten gesteuert zu werden.

Woher aber nehmen Sie die Sicherheit, dass Sie Ihr Schicksal steuern? Woher wissen Sie, dass Sie nicht in der *Matrix* leben und alles, was Sie wahrnehmen, von einem gigantischen Supercomputer nur für Sie erzeugt wird? Woher wollen Sie wissen, ob Wünschen funktioniert oder alles Aberglaube ist? Und wer gibt Ihnen die Sicherheit, dass Ihre Gedanken nicht *wirklich* töten? Die folgende Beschreibung eines fiktiven Experiments[40] lässt vielleicht auch Sie an dieser Sicherheit zweifeln:

„Stellen Sie sich vor, wir befänden uns im Jahr 3000 n. Chr. Ein Forschungsteam ist gerade im Begriff, zu einer weiteren Phase seiner bereits berühmt gewordenen Forschung über die Täuschbarkeit des menschlichen Gehirns mittels elektrischer und chemischer Reizungen zu schreiten. Nach jahrelanger intensiver Erforschung menschlicher Gehirne scheint nun die perfekte Täuschung Wirklichkeit zu werden: Ein menschliches Gehirn wurde von Geburt an, losgelöst vom Körper, in einer Nährlösung frisch gehalten. Diesem Gehirn konnte während der letzten Jahrzehnte eine vollständige Welt derart perfekt vorgetäuscht werden, dass das Gehirn heute absolut überzeugt ist, es sei ein lebender Mensch des zwanzigsten Jahrhunderts.

Allein die Sehnerven wurden über Tausende von Elektroden mit einem naturgetreuen Bild versorgt. Ebenso werden mittels Elektroden Gehör, Gefühl, Geruch und Geschmackssinn simuliert. Dabei hat das Gehirn durchaus einen freien Willen. Denn unzählige Sensoren registrieren jede Spannungsänderung der Nerven, und wenn das Gehirn glaubt, es drehe den Kopf, so simuliert ein eigens dafür geschaffenes Computerprogramm eine perfekte Kopfdrehung, indem es die Spannung der Halsmuskulatur nachahmt und das Blickfeld in Übereinstimmung mit der fiktiven Drehung verändert. Auf ähnliche Weise werden sämtliche Körperbewegungen perfekt vorgetäuscht, sodass das Hirn tatsächlich glaubt, es sei ein lebender Mensch. Das Retortengehirn ist der Überzeugung, es bewege sich frei, nach eigenem Willen, durch eine reale Welt.

In der letzten Phase des Projektes, die soeben in Gang ist, wird dem Gehirn eine kurze und allgemein verständliche Beschreibung des Experimentes vorgelegt, getarnt als kleines Buch mit dem Titel ‚Anleitung zum wunschlosen Glück'[41].

Das Gehirn nimmt die Inhalte interessiert auf, kommt dabei aber keinen Moment auf die Idee, dass es selbst das Retortengehirn in der Nährlösung ist."[42]

Das beschriebene Experiment geht auf den französischen Philosophen und Naturwissenschaftler René Descartes (1596–1650) zurück und wird als *kartesischer Dämon* bezeichnet. Es ist die Grundlage seiner Aussage: „cogito ergo sum" – „Ich denke, also bin ich".

Manche werden sich fragen: Was hat das mit Wünschen zu tun?

Sehr viel, denn es bedeutet, dass Sie niemals sicher sein können, ob sich Ihre Wünsche innerhalb Ihres Universums, nämlich in Ihrem Gehirn, oder außerhalb, in der sogenannten realen Welt, manifestieren.

Ihre Vorstellung, also alles, was nur in Ihnen stattfindet, wird dabei als *Landkarte* bezeichnet. Die reale Welt außerhalb der Nährlösung – vorausgesetzt es gibt sie – bezeichnet man hingegen als *Land*.[43] Zwischen Land und Landkarte besteht ein himmelweiter Unterschied.

Stadtpläne zum Beispiel sind Verkleinerungen und grobe Vereinfachungen. Sie können niemals eine Stadt genau abbilden, denn dann würden sie ja nicht mehr in die Tasche passen. Der Unterschied zwischen Land und Landkarte hat Folgen. All Ihre Wahrnehmungen finden, wie bei dem Gehirn in der Nährlösung, nur auf Ihrer Landkarte statt, die von Ihren Sinnesorganen mit Eindrücken versorgt wird. Ihre Sinnesorgane aber können Sie täuschen – es könnten Elektroden sein. Daher ist es unmöglich zu wissen, ob etwas außerhalb von Ihnen oder nur in Ihnen, Ihrem Kopf und Ihrer Fantasie, stattfindet.

Dies wiederum führt zu folgendem Problem: Sie können niemals ausschließen, dass Wünschen funktioniert und dass Sie nicht eventuell für alles reale Unglück und Leiden in der Welt außerhalb Ihrer Gedanken verantwortlich sind.

Denn selbst wenn Sie nicht an das Wünschen, den kartesischen Dämon oder Land und Landkarte glauben, gilt der Satz von Richard Zeckhauser, einem Professor für politische Ökonomie an der Harvard University: „Systeme, die nicht funktionieren sollten, tun es manchmal doch."

Der letzte Wunsch – die letzte Lockerung

*Ob Ihre Wünsche wahr geworden sind
oder ob Sie nur Ihr Denken und Ihr Universum
angepasst haben,
lässt sich nicht mit Bestimmtheit klären.
Sie werden nie wissen, ob Sie Ihre Landkarte
oder das Land verändert haben.
Sie werden nie wissen,
ob Sie in oder außerhalb der Matrix leben.
Es ist auch nicht wichtig.*

Wenn wir bei stürmischem Wetter einen umgeknickten Baum sehen, ist die einfachste Erklärung, dass er vom Wind umgeworfen wurde. Es könnten aber auch Elefanten gewesen sein oder gerade gelandete, 200 Meter große außerirdische Wesen.

Aus den Beobachtungen „Sturm" und „umgefallener Baum" lässt sich die einfache Hypothese ableiten, dass „der Baum vom starken Wind umgeweht" wurde. Diese Hypothese erfordert nur eine Annahme, nämlich dass der Wind den Baum fällte.

Bei den Elefanten sind schon mehr Mutmaßungen notwendig, nämlich, wie Elefanten überhaupt in den Stadtwald kommen.

Die Außerirdischen setzen eine ganze Kette von Annahmen voraus: die Existenz Außerirdischer, ihre Landung auf der Erde und so weiter.

Welche der Möglichkeiten zutrifft, wissen wir nicht, dennoch sagt uns der gesunde Menschenverstand, dass die einfachste die wahrscheinlichste Erklärung ist.

Dieses Prinzip wird *Ockhams Rasiermesser* bzw. *Sparsamkeitsprinzip* genannt und stammt von dem englischen Philosophen Wilhelm von Ockham (1285–1347).[44] Es sagt, dass von mehreren Theorien, die den gleichen Sachverhalt erklären, die einfachste zu bevorzugen ist.

Sie dürfen also aufatmen, denn auf das Wünschen bezogen bedeutet dies, dass Ihre Wünsche sich höchstwahrscheinlich nur in Ihrem Universum erfüllen. Dafür benötigen Sie keine großen Erklärungen. Es reicht, wenn Sie zugeben, dass Sie *kognitiven Täuschungen* erliegen.

Im Fall eines Paralleluniversums, in dem sich Ihre Wünsche erfüllen, brauchen Sie schon etwas mehr: nämlich wenigstens ein zweites Universum neben dem Ihren.

Und die Wahrscheinlichkeit, dass sich Ihre Wünsche in der realen Welt – also hier – manifestieren, ist äußerst gering, denn dafür müssten Sie mehrere Naturgesetze umschreiben.

Aber wie gesagt, Ockhams Rasiermesser ist nur ein Sparsamkeitsprinzip, es ist nicht beweisbar, auch wenn es sich in vielen Fällen beim Wegschneiden komplizierter Erklärungen bewährte.

Deshalb gibt es noch eine andere Möglichkeit, der Wunschfalle zu entkommen: den letzten und ultimativen Wunsch, den Wunsch, der alle bisherigen Wünsche rückgängig macht und uns endgültig vom Wünschen befreit. Die folgende Sage[45] handelt von einem solchen Wunsch:

„Der alte Silen war ein Pan, halb Ziegenbock und halb Mann, der dem Weingott Dionysos mit weisen Ratschlägen zur Seite stand. Hinter seiner grotesken Erscheinung verbarg sich ein tiefer und kluger Geist. Eines Tages wurde er, während er schlief, von einigen Landbewohnern aufgrund seines Aussehens festgenommen. Sie hatten Silen in Ketten stolz dem dortigen König Midas vorgeführt. Midas erkannte die Natur des Pan sofort, befreite ihn und gab ihm zu Ehren große Feste und Ehrbezeugungen. Er bat ihn für den Irrtum der Landbewohner um Verzeihung. Der weise Silen verzieh ihm nicht nur, er wollte auch den mildtätigen Geist des Königs belohnen.

‚Bitte, um was immer du willst, ich werde es dir gewähren', sagte Silen. ‚Aber sei vernünftig bei deinem Wunsch, denn was ich dir gebe, kann ich nie wieder zurücknehmen.'

Also bat Midas ihn um das, was er sich immer schon gewünscht hatte. Alles, was er anfasse, möge sich in Gold verwandeln. Er erklärte: ‚Mein Königreich ist arm, aber meine Leute sind gütig und einig. Wenn ich reich wäre, würde so viel Mühe und Entbehrung mit Glückseligkeit belohnt: Das ganze Königreich würde bald wieder durch die Gabe ihres guten Königs wohlhabend sein.'

Silen erfüllte Midas' Wunsch und verschwand.

Auf der Stelle verwandelten sich die Kleider, die den Körper des Königs berührten, in Gold. Dann bereiste Midas sein Land und verwandelte die Häuser, die Teiche, die Ernte und die Tiere vor den erstaunten und dankbaren Augen der Landbewohner in Gold. Als er aber in dieser Nacht in seinen Palast zurückkehrte, stieg ein jammerndes Geschrei zu ihm auf. Die Untergebenen berichteten von wachsender Unzufriedenheit.

‚Ich kann meine goldenen Ziegen nicht melken!', sagte einer, ‚deshalb wird meine Familie keine Milch mehr trinken und kein Fleisch mehr essen können.'

‚Die Bäume werden keine Früchte mehr tragen', riefen andere.

Und so erreichten den König immer wieder neue Klagen. Midas, der über die Lösung des Problems nachdachte, schenkte sich derweil Wein ein und wollte Essen und Früchte zu sich nehmen.

Doch alles verwandelte sich in Gold, und es gab weder Flüssigkeit noch Nahrung, die er zu sich nehmen konnte. In dieser Lage kam seine Frau, um ihn mit Zärtlichkeiten zu beruhigen, aber sie verwandelte sich sofort in die schönste goldene Statue.

Midas bereute und rief Dionysos an, die Zauberei des Silen zu beenden, und der gute Gott verwandelte alle Dinge zurück. Das Gold verschwand, die Ziegen wurden wieder zu Ziegen, und die Teiche enthielten wieder Wasser; die Bäume wurden vom Wind geschüttelt, und die Frau des Königs erwachte aus ihrem Schlaf. Midas konnte wieder essen und trinken, und er dankte mit seinem Volk gemeinsam Gott, der ihnen wieder die Armut gewährt hatte."

Der Wunsch, der alle Wünsche rückgängig macht, ist nach dieser Geschichte benannt und wird als *Midas-Wunsch* bezeichnet. Er entspringt Erfahrung und zeigt gleichzeitig Demut – er ist das Anerkennen des eigenen Unwissens.

König Midas versuchte in bester Absicht, die Welt nicht nur für sich, sondern auch für seine Untertanen zum Besseren zu wenden, und scheiterte dennoch. Er stolperte über die menschliche Begrenzung, das große Gewebe der Welt zu durchschauen.

Beginnen auch Sie loszulassen und weise zu werden. Ob Sie dann die großen Mächte außerhalb Ihrer selbst Zufall, Evolution, Gott, Quanteneffekte oder All-Eins-Sein nennen, bleibt Ihnen überlassen.

Wichtig ist nur zu erkennen, dass Glück, was auch immer es für Sie bedeutet, nicht wünschbar ist, denn Glück zu haben setzt die Erfahrung von Unglück voraus.

König Midas hatte viel Glück, dass ihm noch ein zweiter Wunsch gewährt wurde. Machen Sie sich also locker, und formulieren Sie den letzten Wunsch: dass alles weiterhin so geschehen möge, wie es geschieht.

Wunschloses Glück

Wenn der Fluss der Zeit stoppt,
Vergangenheit und Zukunft verschwinden,
blitzt unvermittelt für wenige Sekunden
der einzig reale Moment auf: das Jetzt.
Dies zu erleben ist unsere tiefste Sehnsucht
und größte Angst zugleich.
Nichts bleibt außer Stille.

„Nimm an, du sitzest in einer Hochalpenlandschaft auf einer Bank am Wege. Rings um dich her Grashalden, mit Felsblöcken durchsprengt, am Talhang gegenüber ein Geröllfeld mit niedrigem Erlengestrüpp. Steil geböschtes Waldgebirge zu beiden Seiten des Tals bis hoch hinauf an die baumlosen Almmatten; und vor dir vom Talgrund aufsteigend der gewaltige firngekrönte Hochgipfel, dessen weiche Schneelenden und scharfkantige Felsgrate jetzt eben der letzte Strahl der scheidenden Sonne in zartestes Rosenrot taucht, wundervoll abgehoben von dem durchsichtig klaren, blassblauen Firmament.

All das, was dein Auge sieht, ist – nach der bei uns gewöhnlichen Auffassung – mit geringen Veränderungen Jahrtausende lang vor dir dagewesen. Über ein Weilchen – nicht lange – wirst du nicht mehr sein, und Wald, Fels und Himmel werden Jahrtausende nach dir noch unverändert dastehen."[46]

Wir alle erinnern uns an Gelegenheiten in unserem Leben, bei denen nichts weiter blieb, als staunend und demütig dem Augenblick gegenüberzustehen. Es waren Sekunden im Jetzt, in denen sich die Wahrnehmung ausdehnte und weit über das Alltagsempfinden hinausreichte.

In diesen Momenten stoppt das Fließen der Zeit.

Sisyphos rollt zwar weiter seinen Stein den Berg hinauf, aber das Ziel, den Gipfel zu erreichen, ist verschwunden. Auch haftet seine Erinnerung nicht am Fuß des Berges, wo er begann. Er und sein Stein sind im Jetzt: irgendwo auf dem Weg zwischen Tal und Gipfel. Genau da, wo die Kraft seiner Muskeln auf den Stein wirkt und Sisyphos und der Marmorblock zu einer Einheit werden. So untrennbar, dass kein Teil ohne den anderen gedacht werden kann. Genau dort verschwinden für Bruchteile eines Augenblicks Vergangenheit und Zukunft.

In solchen ebenso seltenen wie kostbaren Momenten überschwemmt uns wunschloses Glück.

Wünschen und Hoffen brauchen Vergangenheit und Zukunft: eine Zukunft, in der sich Wünsche erfüllen und sich alles zum Guten wendet, und eine Vergangenheit, der die Vorstellung unseres Wunsches entstammt. Wir können uns nur vorstellen, also nur wünschen, was wir aus inneren Bildern, unabhängig woher sie kommen, zusammengesetzt haben. Was wir nicht kennen, können wir nicht wünschen. Wovon wir keine Ahnung haben, darauf können wir nicht hoffen. Wünsche und Hoffnungen sind immer aus Erinnertem montierte Vorstellungen der Zukunft.

Aus dieser Perspektive betrachtet müssen wir, solange wir wünschen und hoffen, unglücklich bleiben. Mehr noch, wir verbauen uns die Sekunden wunschlosen Glücks.

Und warum?

Weil es menschlich ist, dass es immer ein wenig mehr sein darf, und es in unseren Genen liegt, nie wirklich satt zu werden.

Wünschen Sie also weiter, solange Sie wollen und solange es Ihnen Trost spendet. Bedenken Sie aber: Hätte Sisyphos nur einmal gewünscht, den Gipfel zu erreichen, er hätte schon längst aufgegeben und würde traurig neben seinem Stein am Fuß des Berges sitzen. Er würde an sich und seiner Kraft zweifeln und voller Trotz mit seinem Schicksal hadern.

Sein Wunsch nämlich wäre nicht erfüllt worden.

Nicht, weil die Götter hart und unnachgiebig sind, sondern weil Sisyphos dann nicht mehr Sisyphos wäre. Weil nur Sisyphos mit seinem Stein eins werden kann und nur dann das unglaubliche Erlebnis wunschlosen Glücks ihn in jeder Faser seines Seins durchflutet.

Es ist nichts anderes als das Akzeptieren des Augenblicks: das Jetzt.

Es ist der Moment, nach dem wir uns verzehren, aber auch der, den wir am meisten fürchten – die Auflösung von Vergangenheit und Zukunft, die Auflösung von uns selbst.

Es ist der Würfel vor dem Wurf, die Begebenheit, bevor sie eintrat, und die Hingabe an die *unendlichen* Möglichkeiten, die unweigerlich in *ein* Ereignis münden.

Es geschieht, wenn die Quantenwellenfunktion kollabiert und aus der Unbestimmtheit einer Welle das Schicksal eines Teilchens wird. Wenn Beobachter und Beobachtung miteinander verschmelzen und unvermittelt das Jetzt über uns hereinbricht.

Den einleitenden Text dieses Abschnitts und die folgenden Worte, mit denen ich ende, schrieb der österreichische Nobelpreisträger, Mathematiker, Physiker und einer der Väter der Quantenphysik Erwin Schrödinger in dem Buch *Mein Leben, meine Weltansicht:*

„So magst du dich hinwerfen auf die Erde, flach angedrückt an ihren Mutterboden in der gewissen Überzeugung: Du bist eins mit ihr und sie mit dir. Du bist so festgegründet und unverletzlich wie sie, ja tausendmal fester und unverletzlicher. So sicher sie dich morgen verschlingen wird, so sicher wird sie dich neu gebären zu neuem Streben und Leiden. Und nicht bloß dereinst – jetzt, heute, täglich gebiert sie dich, nicht einmal, sondern tausend- und abertausendmal, wie sie dich täglich tausendmal verschlingt. Denn es ist ewig und immer nur jetzt, dieses eine und selbe Jetzt, die Gegenwart ist das einzige, das nie ein Ende nimmt."[47]

Nachtrag

*"Die Welt will betrogen sein, gewiss.
Sie wird sogar ernstlich böse,
wenn du es nicht tust."*[48]

Im Februar 2003 musste die Zürcher Traditionsbuchhandlung *Oprecht und Helbling* in der Rämistrasse 5 nach fast einem Jahrhundert schließen.

Gegründet wurde sie 1925 von Dr. Emil Oprecht, der am 9. Oktober 1952 starb und nach dem mittlerweile eine Straße in Oerlikon, einem Stadtteil Zürichs, benannt ist.

Emil Oprecht pflegte um das Jahr 1916 im Grand Café Odeon[49] am Zürcher Bellevueplatz so manches Glas zu leeren. Er galt unter den dort verkehrenden Emigranten als Vertrauensmann, und als Verleger brachte er viele ihrer Werke auf den Markt.

Es muss sich irgendwann in dieser Zeit zugetragen haben, dass ein mürrischer russischer Zeitungsleser, der sich in die hinterste Ecke des Cafés zurückzuziehen pflegte, und ein deutscher Schriftsteller mit zweifelhaften Manieren am Tisch von Dr. Oprecht zusammenfanden.

Beide, der Zeitungsleser und der Schriftsteller, kannten sich vom Sehen. Sie lebten bzw. arbeiteten in der Zürcher Spiegelgasse, der eine im Haus Nr. 1, der andere im Haus Nr. 14. Und wie überliefert, rief einer sogar einmal wegen eines Saufgelages des anderen die Polizei.

Der Abend oder besser die Nacht am Tisch mit Dr. Oprecht war jedoch das erste Mal, dass beide miteinander sprachen. Es muss ein interessantes und heftiges Gespräch gewesen sein, dessen Stichworte Dr. Oprecht in Sütterlin, der alten deutschen Schrift, notierte. Wie aus den Notizen hervorgeht, waren der mürrische Zeitungsleser und der hemmungslose Schriftsteller Meister des Wünschens und offenbarten, offensichtlich unter dem Einfluss großer Mengen Alkohols, Dr. Oprecht die tiefen Geheimnisse dieser Technik.

Es ist nicht bekannt, ob sich das Zusammentreffen wiederholte. Historiker und Archivare leugnen bis heute, dass diese Begegnung überhaupt stattfand, und gut unterrichtete Kreise behaupten, dass Dr. Oprecht seine Notizen wenig später zum Anzünden seines Kamins verwandte.

Über Europa brach der Zweite Weltkrieg herein, und der mürrische Zeitungsleser verstarb am 21. Januar 1924 nach mehreren Schlaganfällen an einem Hirnleiden. Der Schriftsteller hingegen wurde gemeinsam mit seiner Frau am 2. August 1940 mit dem Transport Bb und den jeweiligen Nummern 803 und 804 mit unbekanntem Ziel von den Nationalsozialisten in den Osten deportiert.

Vor diesem tragischen Ende aber begründete der Zeitungsleser ein neues Staatswesen im Osten Europas und der Schriftsteller eine neue Richtung der Kunst.[50]

Eigentlich müsste die Geschichte hier enden: keine Notizen, kein Treffen und keine Überlebenden. Das Geheimnis hinter dem Geheimnis des Wünschens ist endgültig verloren. Aber wie es der Zufall will, waren es nicht die Notizen des mysteriösen Zusammenkommens, die im Kamin von Dr. Oprecht landeten. Die Kladde mit seinen Aufzeichnungen verschwand vielmehr in einer Ecke des Kellers der Rämistrasse 5 und wurde dort von einer Aushilfe, die beim Entrümpeln der Buchhandlung half, entdeckt.

Diese wusste nichts damit anzufangen, denn sie war zu jung, um Sütterlin zu entziffern. Sie packte daher das Heftchen im Jahr 2003 mit allerlei alten Büchern in eine Umzugskiste, die an ein Antiquariat in der Münchhaldenstrasse gehen sollte.

Die Kiste traf nie an ihrem Bestimmungsort ein. Es kann ein Fehler der Spedition gewesen sein oder ein dummer Zufall. Wie dieses Behältnis den Weg auf meinen Dachboden im Zürcher Stadtteil Seefeld fand, lässt sich mit letzter Sicherheit rückblickend nicht mehr klären. Entscheidend ist, dass mir im Januar 2008 die Aufzeichnungen Dr. Oprechts in die Hände fielen und ich sofort ihre Brisanz erkannte.

Wer hielt schon jemals die Mitschrift eines solch wichtigen Gesprächs in den Händen? Und dazu noch eine Aufzeichnung, die einführt in die Tiefen der Manifestation!

Es sind Notizen, die den letzten Schleier vom Geheimnis des Wünschens lüften.

Hier überkam mich Angst: Der eine wurde ermordet, der andere vegetierte die letzten Jahre seines Lebens dahin, und bis heute ist ungeklärt, ob er einem Giftanschlag zum Opfer fiel. Was würde mir geschehen, wenn man herausfände, dass ich im Besitz dieses Wissens bin? Es gab nur eine Lösung: Das Geheimnis musste publik gemacht werden.

Ganz schlaue Leser werden jetzt sagen, das sei eine schöne Geschichte, aber sie wollen die Originalaufzeichnungen von Dr. Oprecht sehen.

Ich habe sie verloren, so wie andere ihren Schirm verlieren. Ich habe sie in einem Anflug von Unaufmerksamkeit am 1. Juni 2008, dem Todestag von Yves Saint Laurent, im ICE 74 auf der Fahrt von Zürich nach Frankfurt liegen gelassen. Ich weiß, dass dies unverzeihlich ist, wenn man den Wert dieses Dokuments bedenkt, aber so ist es nun einmal.

Zum Beweis, dass ich dennoch nichts als die Wahrheit schreibe, habe ich Begriffe, nach denen Sie „googeln" können, in kursive Schreibweise gesetzt. Machen Sie sich Ihr eigenes Bild, und entdecken Sie die Wahrheit hinter einem großen Geheimnis.

Nichts ist, wie es scheint.

Anmerkungen

1 Mesmerismus bzw. animalischer Magnetismus ist die Bezeichnung für eine dem Elektromagnetismus ähnliche Kraft, die in jedem Menschen vorhanden sein und heilend wirken soll. Sie wurde von Franz Anton Mesmer (1734–1815) propagiert und war bereits zu seinen Lebzeiten heftig umstritten. Vgl. http://de.wikipedia.org/wiki/Animalischer_Magnetismus.

2 Die Methode „Positives Denken" zielt im Kern darauf ab, dass der Anwender durch konstante positive Beeinflussung seines bewussten Denkens (zum Beispiel mit Hilfe von Affirmationen oder Visualisierungen) in seinen Gedanken eine dauerhaft konstruktive und optimistische Grundhaltung erreicht und infolgedessen eine höhere Zufriedenheit und Lebensqualität erzielt. Vgl. http://de.wikipedia.org/wiki/Positives_Denken.

3 http://worlddatabaseofhappiness.eur.nl/.

4 http://de.wikipedia.org/wiki/Wunsch.

5 http://www.hekaya.de/txt.hx/sisyphos--sage--sagen_griechisch_26.

6 Camus: *Der Mythos von Sisyphos. Ein Versuch über das Absurde.* Hamburg 1959.

7 http://de.wikipedia.org/wiki/Vom_Fischer_und_seiner_Frau.

8 Zum präoperationalen Stadium siehe zum Beispiel http://de.wikipedia.org/wiki/Jean_Piaget.

9 Zur magischen Phase bzw. Magie siehe http://www.verlag-des-zeitgenossen.de/philosophie/philosophie_magie.pdf.

10 Kalweit, Holger: *Traumzeit und innerer Raum.* Darmstadt 2004.

11 Marion Rollin: „Falsche Erinnerungen. Das Leben – eine einzige Erfindung". *Spiegel Online/Wissenschaft* vom 28.10.2006 (siehe unter http://www.spiegel.de/wissenschaft/mensch/0,1518,444334,00.html).

12 Ebenda.

13 Ebenda.

14 http://de.wikipedia.org/wiki/Zeit.

15 Zur Methode des texanischen Scharfschützen siehe http://de.wikipedia.org/wiki/Benutzer:Wiggum/Wiggipedia.

16 http://homepage.hispeed.ch/philipp.wehrli/Erkenntnis/Anthropisches_Prinzip/anthropisches_prinzip.html.
17 Zur positiven Teststrategie siehe auch http://de.wikipedia.org/wiki/Positive_Teststrategie.
18 Zu Confirmation Bias siehe http://de.wikipedia.org/wiki/Deduktion, Punkt 4 (Psychologie).
19 http://de.wikipedia.org/wiki/Das_tapfere_Schneiderlein.
20 http://de.wikipedia.org/wiki/The_Secret.
21 Stuttgart 1977; Orig. *The Psychology of Interpersonal Relations.* New York 1958.
22 „Mann zweimal vom Blitz getroffen". *Spiegel Online*/Panorama vom 30.7.2007 (s. unter http://www.spiegel.de/panorama/0,1518,497146,00.html).
23 http://www.literatur-kreis.de/html/tdm11.html.
24 Vgl. http://wikipedia.org/wiki/Gauß-Glocke und http://de.wikipedia.org/wiki/Gauß-Kurve.
25 Anke Scherer: „Geschichte im Bild: Juli 2004". Ruhr-Universität Bochum, Fakultät für Ostasienwissenschaften/Geschichte Japans (s. unter http://www.ruhr-uni-bochum.de/gj/2004-07.html).
26 Verena Stehle: „Kann nichts, tut nichts – ist berühmt". In: *Süddeutsche Zeitung,* Online-Ausgabe vom 21.10.2007; (s. unter http://www.sueddeutsche.de/leben/artikel/780/138497/).
27 http://criminologia.de/?p=127; Vgl. auch http://de.wikipedia.org/wiki/Thomas-Theorem.
28 Der Originalbericht „Man scammed by Craigslist ad" erschien in *The Seattle Times* vom 24. März 2008 (s. unter http://seattletimes.nwsource.com/html/localnews/2004302237_webhoax24m.html).
29 http://de.wikipedia.org/wiki/Cum_hoc_ergo_propter_hoc.
30 Franckh, Pierre: *Wünsch es dir einfach – aber richtig.* Burgrain 2007.
31 http://usa.usembassy.de/etexts/docs/bush100605d.htm.
32 http://de.wikipedia.org/wiki/Höherstufiger_Wunsch.
33 Siehe http://de.wikipedia.org/wiki/Viele-Welten-Interpretation.

34 http://de.wikipedia.org/wiki/What_The_Bleep_Do_We_Know.
35 http://www.kinemantra-meditation.net/d-leicht-muehelos.htm.
36 http://de.wikipedia.org/wiki/Murphys_Gesetz.
37 http://de.wikipedia.org/wiki/Baskerville-Effekt.
38 http://de.wikipedia.org/wiki/Nocebo-Effekt.
39 http://wissensgemeinschaften.de/Loslassen/Affenfalle/affenfalle.html.
40 http://homepage.hispeed.ch/philipp.wehrli/Erkenntnis/Der_kartesische_Damon/der_kartesische_damon.html.
41 Im Original heißt es: „… getarnt allerdings als Artikel auf einer Homepage mit dem Namen ‚Fragen Rätsel Mysterien – Cartesischer Dämon'."
42 Ebenda.
43 Zum Thema der Beziehung zwischen Land und Landkarte siehe http://de.wikipedia.org/wiki/Radikaler_Konstruktivismus.
44 Engl. William of Ockham; zu Ockhams Rasiermesser bzw. dem Sparsamkeitsprinzip siehe http://de.wikipedia.org/wiki/Ockhams_Rasiermesser.
45 Die Sage von Silen und König Midas findet sich unter http://www.neuer-humanismus.de/gemeinschaft/handlung.htm („Der König des Goldes").
46 Schrödinger, Erwin: *Mein Leben, meine Weltansicht.* Zürich 1989, S. 69 ff.
47 Ebenda. Seite 71 ff.
48 Serner, Walter: *Letzte Lockerung.* Zürich 2007, S. 242.
49 http://www.odeon.ch/de/index.html.; siehe insbesondere den Link zur Geschichte des Cafés.
50 Bei dem mürrischen Zeitungsleser handelte es sich um Wladimir Iljitsch Uljanow Lenin (1870 – 1924), der mit seiner Frau Nadja von 1916 bis 1917 für 24 Franken im Monat in der Zürcher Spiegelgasse 14 zur Untermiete wohnte. Zur gleichen Zeit entstand im legendären Cabaret Voltaire an der Spiegelgasse 1 die Dadaismus-Bewegung. Einer ihrer Begründer war der Schriftsteller Walter Serner alias Walter Seligmann (1889 – 1942), der 1918 das dadaistische Manifest *Letzte Lockerung: Manifest Dada* verfasste.

Internetquellen

Affenfalle
http://www.ralfklonowski.de/01_macbumm/03_me/08_texte/werte/falle.htm
http://wissensgemeinschaften.de/Loslassen/Affenfalle/affenfalle.html

Attributionstheorie
http://de.wikipedia.org/wiki/Attributionstheorie

Baskerville-Syndrom
http://de.wikipedia.org/wiki/Baskerville-Effekt

cum hoc ergo propter hoc
http://de.wikipedia.org/wiki/Cum_hoc_ergo_propter_hoc

Falsche Erinnerung
http://de.wikipedia.org/wiki/Falsche_Erinnerung

False-Memory-Syndrom
Marion Rollin: „Falsche Erinnerungen. Das Leben – eine einzige Erfindung". *Spiegel Online/Wissenschaft* vom 28.10.2006 (siehe unter http://www.spiegel.de/wissenschaft/mensch/0,1518,444334,00.html

Frick, Don („Zweimal vom Blitz getroffen")
„Mann zweimal vom Blitz getroffen", *Spiegel Online/Panorama* vom 30.7.2007 (s. unter http://www.spiegel.de/panorama/0,1518,497146,00.html

Irrtumswahrscheinlichkeit
http://de.wikipedia.org/wiki/Irrtumswahrscheinlichkeit
http://homepage.hispeed.ch/philipp.wehrli/Erkenntnis/Anthropisches_Prinzip/anthropisches_prinzip.html

„It-Girl"
Verena Stehle: „Kann nichts, tut nichts – ist berühmt". In: *Süddeutsche Zeitung*, Online-Ausgabe vom 21.10.2007; s. http://www.sueddeutsche.de/leben/artikel/780/138497/

Kants Satz über die Mittelmäßigkeit
http://de.wikiquote.org/wiki/Immanuel_Kant

Kartesischer Dämon
http://de.wikipedia.org/wiki/René_Descartes
http://homepage.hispeed.ch/philipp.wehrli/Erkenntnis/Der_kartesische_Damon/der_kartesische_damon.html

Kennedy, Cory („IT-Girl")
http://www.sueddeutsche.de/leben/artikel/780/138497/

Kognitive Täuschungen
http://www.phillex.de/sinnest.htm

Land und Landkarten
http://en.wikipedia.org/wiki/Map-territory_relation
http://de.wikipedia.org/wiki/Radikaler_Konstruktivismus

Matching Bias
http://de.wikipedia.org/wiki/Systematischer_Fehler

Midas' Wunsch
http://www.neuer-humanismus.de/gemeinschaft/handlung.htm („Der König des Goldes" – Die Sage von Silen und König Midas)
http://de.wikipedia.org/wiki/Wunsch (Punkt 5.3.4)

Murphys Gesetz
http://de.wikipedia.org/wiki/Murphys_Gesetz
Yhprums Gesetz (Umkehrung von Murphys Gesetz): http://de.wikipedia.org/wiki/Yhprums_Gesetz

Negative Teststrategie
http://de.wikipedia.org/wiki/Selbsterfüllende_Prophezeiung

„Nicht an einen Affen denken"
http://www.kinemantra-meditation.net/d-leicht-muehelos.htm

Ockhams Rasiermesser
http://de.wikipedia.org/wiki/Ockhams_Rasiermesser

Oprecht und Helbling
http://www.stadt-zuerich.ch/internet/mm/home/0_mm_str/home/
mm_03/maerz_03/tag_2/mm_06.html

Präoperationales Stadium
http://de.wikipedia.org/wiki/Jean_Piaget

Reiz-Reaktions-Muster
http://de.wikipedia.org/wiki/Kognitive_Karte *oder:* http://de.wikipedia.
org/wiki/S-O-R-Paradigma

Sisyphos
http://de.wikipedia.org/wiki/Sisyphos
http://www.hekaya.de/txt.hx/sisyphos--sage--sagen_griechisch_26

Spezielle Relativitätstheorie
http://de.wikipedia.org/wiki/Spezielle_Relativitätstheorie

Thomas-Theorem
http://de.wikipedia.org/wiki/Thomas-Theorem

Toilettenpapier-Panik von 1973
Anke Scherer: „Geschichte im Bild: Juli 2004." Ruhr-Universität Bochum, Fakultät für Ostasienwissenschaften/Geschichte Japans (s. http://www.ruhr-uni-bochum.de/gj/2004-07.html)

Viele-Welten-Interpretation
http://de.wikipedia.org/wiki/Viele-Welten-Interpretation
http://homepage.hispeed.ch/philipp.wehrli/Physik/Kosmologie/Viele-Welten-Interpretation/viele-welten-interpretation.html

Wertstarrheit
http://www.ralfklonowski.de/01_macbumm/03_me/08_texte/werte/falle.htm

Wohlstandsparadox
http://www.spektrum.de/artikel/947202&_z=798888

World Database of Happiness
http://worlddatabaseofhappiness.eur.nl/

Wunsch-Industrie
http://de.wikipedia.org/wiki/The_Secret
http://www.thesecret.de/
http://www.baerbelmohr.de/
http://www.pierre-franckh.de/
http://www.abraham-hicks.com/
http://tepperwein.at/
http://www.lawofattractionbook.com/

Wünsche erster und zweiter Ordnung
http://de.wikipedia.org/wiki/Höherstufiger_Wunsch

Literatur

Byrne, Rhonda: *The Secret – Das Geheimnis*. München 2007.

Camus, Albert: *Der Mythos von Sisyphos*. Hamburg 1956.

Dreksler, Balder: *Wunsch Bullshit im Universum*. Köln 2007.

Franckh, Pierre: *Wünsch es dir einfach – aber richtig*. Burgrain 2007.

Heider, Fritz: *Psychologie der interpersonalen Beziehungen*. Stuttgart 1977.

Hicks, Esther u. Jerry: *The Law of Attraction*. Berlin 2008.

Kalweit, Holger: *Traumzeit und innerer Raum*. Darmstadt 2004.

Loftus, Elizabeth F.: *„Falsche Erinnerungen"*. In: Spektrum der Wissenschaft, Heft 1, Januar 1998. S. 62-67.

Losier, Michael: *Das Gesetz der Anziehung*. München 2007.

Mohr, Bärbel: *Bestellungen beim Universum*. Aachen 2004.

Murphy, Joseph: *Die Macht Ihres Unterbewusstseins*. München 2000.

Schrödinger, Erwin: *Mein Leben, meine Weltansicht*. Zürich 1989.

Serner, Walter: *Letzte Lockerung*. Zürich 2007.

Watzlawick, Paul: *Wie wirklich ist die Wirklichkeit? Wahn, Täuschung, Verstehen*. München 2007.

Watzlawick, Paul: *Anleitung zum Unglücklichsein*. München 1988.

Über den Autor

Rainer Grunert, Jahrgang 1958, lernte Schriftsetzer und studierte Betriebswirtschaft und Psychologie. Nach mehreren Zusatzausbildungen, Auslandsaufenthalten und einem Start-up trat er in ein internationales Beratungsunternehmen ein. Dort spezialisierte er sich auf strategische Sanierung und Informationstechnologie. Im Jahr 2000 machte er sich selbstständig und ist seitdem als Manager auf Zeit und Coach mit eigener Praxis tätig.

Rainer Grunert ist verheiratet und lebt in Zürich.

Im März 2008 ist von ihm im Innenwelt Verlag, Köln, das Buch *Leiden oder Leidenschaft – Warum in Partnerschaften das Begehren verschwindet und wie Sie es wiedergewinnen* erschienen und für Herbst 2009 das Buch *Verführung zur Erotik – Wie Sie Liebe und Sexualität in der Partnerschaft verbinden* geplant.

Weitere Informationen finden Sie unter http://www.rainergrunert.de.